少年财智英雄榜样

XIANGXIAREN YUANLE
MEIGUO MENG

乡下人圆了美国梦

山姆（连锁店）

张丛富◎丛书主编　潘　月◎编著

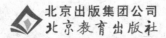

北京出版集团公司
北京教育出版社

图书在版编目(CIP)数据

乡下人圆了美国梦——山姆：连锁店 / 潘月编著
. — 北京：北京教育出版社，2012.3（2018年3月重印）
（少年财智英雄榜样 / 张丛富主编）
ISBN 978-7-5303-9760-2

Ⅰ. ①乡… Ⅱ. ①潘… Ⅲ. ①沃尔顿，
S. (1918～1992) —生平事迹—少年读物 Ⅳ.
①K837.125.38

中国版本图书馆 CIP 数据核字(2012)第 022768 号

少年财智英雄榜样

乡下人圆了美国梦——山姆：连锁店
XIANGXIAREN YUANLE MEIGUOMENG

张丛富　丛书主编
潘　月　编著

*

北 京 出 版 集 团 公 司
北 京 教 育 出 版 社　出版
（北京北三环中路 6 号）
邮政编码:100120

网　址：www．bph．com．cn
北 京 出 版 集 团 公 司 总 发 行
新 华 书 店 经 销
重 庆 重 报 印 务 有 限 公 司 印刷

*

700 毫米×1 000 毫米　　16 开本　　12.5 印张
2012 年 3 月第 1 版　2018 年 3 月第 4 次印刷
ISBN 978-7-5303-9760-2
定价:23.70 元

质量监督电话:010-58572342　010-58572393

序　言

　　沃尔玛是迄今为止世界上最大的百货商店，是唯一一个以零售行业的身份进入世界500强的企业，已经成为美国最大的私人雇主和世界上最大的连锁零售企业，多次荣登《财富》杂志评出的"世界500强"榜首及当选最具价值品牌。

　　目前，沃尔玛在全球15个国家开设了超过8 400家商场，下设55个品牌，员工总数210多万人，每周光临沃尔玛的顾客有2亿人次。2010财政年度销售额达4 050亿美元，沃尔玛公司再次荣登《财富》评出的"世界500强"榜首，并在《财富》杂志"2010年最受赞赏企业"调查的零售企业中排名第一。2001年，沃尔顿家族5人包揽了《福布斯》全球富豪榜的第7至11位，5人的资产总额达到931亿美元，比世界首富比尔·盖茨高出344亿美元，成为世界上最富有的家族。

　　沃尔玛公司是山姆·沃尔顿创立的，沃尔玛和山姆是融在一起、密不可分的。山姆·沃尔顿原本是一个普通的美国人，但他通过自己的努力改变了整个零售行业，创造了一个美国人梦想实现的神话：从1962年一个小店起家，发展至现在的全球拥有8 000多家连锁店；从无名于美国企业500强到2002年将埃克森—美孚石油公司拉下马，跃居《财富》评出的"世界500强"的龙头老大；从一个小小的"卖货郎"摇身一变成为享誉全球的亿万富翁。这一切都是山姆·沃尔顿在短短的几十年里创造的奇迹。

山姆·沃尔顿是沃尔玛的灵魂。山姆不但亲手创造了沃尔玛，而且一直亲自领导它的日常业务，决定着它的发展方向，并以自己的风格、个性、理念深刻地影响着它，使沃尔玛不仅创造了"二战"后美国零售业的最大奇迹，并且成为美国零售巨型公司中最有个性的公司。

山姆一生都在勤勉地工作。他在60多岁的时候，每天仍然从早上4:30就开始工作，直到深夜，偶尔还会在某个凌晨4:00访问一处配送中心，与员工一起吃早点、喝点咖啡。他常自己开着飞机，从一家分店跑到另一家分店，每周至少有4天花在这类访问上，有时甚至是6天。20世纪70年代时，山姆保持一年至少对每家分店访问两次的习惯，他熟悉这些分店的经理和许多员工。后来，公司太大了，不可能遍访每家分店了，但他仍尽可能地跑。

山姆·沃尔顿所倡导并奉为核心价值观的"顾客就是上帝""尊重每一位员工""每天追求卓越"，还有"不要把今天的事拖到明天""永远为顾客提供超值服务"等等服务原则和文化理念，都被世人称道。山姆·沃尔顿的非凡创造能力和他所倡导并一手建设的企业文化，就是一个现代版的商业神话。

作为一名出身普通农民家庭的子弟，山姆所取得的成就，确实值得骄傲。他的一生可谓非常精彩，实现了成千上万普通美国人的梦想。

目录
CONTENTS

第一章　乡下孩子的成长

　　山姆·沃尔顿是一个农家孩子，他的童年充满着贫困和艰辛。在这样的环境里，山姆·沃尔顿很早就知道了用自己的双手挣取一美元是多么不容易。在成长的过程中，他养成了勇敢坚强、不畏艰辛的个性，并同时竖立了一个信念：只要你做了任何你觉得有意义的事儿，结果好坏并不重要，它都是有意义的，所有事情都不会白白地发生，辛勤工作就一定会有收获。

出生于战火年代的山姆

20 世纪初期第一次世界大战的爆发，使欧洲大陆变成了一个充满着野蛮和血腥厮杀的战场，战争摧毁了无数的家园，夺去了很多人的生命。这次战争留给了人们对凡尔登"绞肉机"血腥的回忆，细菌战的残酷让人们在多年以后想起时仍然觉得不寒而栗。这一时期同样也是美国历史上最困难的时期，20 年代农业的不景气和 30 年代的大萧条对以农业为主的中东部地区是一个沉重的打击，很多农户都过着入不敷出的生活。全球第一大企业沃尔玛百货有限公司的开山鼻祖——山姆·沃尔顿就出生在这个时候。

1918 年 3 月 29 日，山姆·沃尔顿出生在美国俄克拉荷马州翠鸟镇的一户普通的农民家庭中，他的父母无论如何也想不到，这个看起来活泼可爱的男婴有朝一日会成为美国最有钱的大富豪。

特殊的时代背景和贫困的家庭生活在山姆的身上留下了深深的历史烙印。战争给美国农场带来了严重的生产过剩问题，随后农作物价格暴跌，使得众多农场主债台高筑，许多农民也失去了工作。尽管山姆·沃尔顿的父母拼命地做各种零工，但是，微薄的收入无法改变他们生活贫穷的现状，也无法改善他们的社会地位，山姆一家始终处于贫困的边缘。山姆·沃尔顿小小年纪便不得不分担家中的生活压力。为了帮助家里挣钱，山姆大概在七八岁的时候就开始给订户送报纸和杂志，从七年级到大学，他都有固定的送报路线。同时，他也通过出去打零工、帮母亲挤牛奶、送牛奶等方式挣钱。挣钱的不易让山姆从小学会了节俭，当很多人对掉在街上的一枚硬币视而不见时，山姆总是走上前去把它捡起来，他知道每一美分都来之不易。

给山姆·沃尔顿的童年生活留下深刻记忆的除了贫穷，还有不断搬家的场景。山姆·沃尔顿的出生地翠鸟镇位于美国中南部，干旱和沙尘暴的威胁让那里的人民遭受了很大的痛苦，加上家庭生活窘困，山姆·沃尔顿的父母不得不带着年仅 5 岁的他从翠鸟镇举家迁往位于俄克拉荷马州东边的密苏里州的斯普林菲尔德，那是他记忆中最难忘的时光。山姆·沃尔顿在那里开始上学，并凭借聪明、善于思考的头脑，成为老师最喜欢的学生之一。可是，美好的日子总是短暂的，他不得不再次踏上迁徙之路，跟着全家人暂时安顿在密苏里州一个叫马歇尔的小镇上。山姆·沃尔顿在这个人口同样很少的小镇上完成了初中学业，并且加入了马歇尔小镇的童子军。山姆·沃尔顿准备读高中的时候，一家人生活在密苏里州的谢尔拜纳小镇上。高中读到一半时，他们又搬到了哥伦比亚镇，在那里，山姆·沃尔顿读完了高中和大学。自此，沃尔顿一家人的乔迁之旅宣告结束。

小小年纪的山姆·沃尔顿在读书时一直担任班长的职务，受到同学们的喜爱和拥护。他还喜欢和其他孩子一起玩棒球、橄榄球和篮球，并在投入比赛的时候从不叫苦。夏天来临的时候，他还会跑到小镇附近的河里游泳，即使在游泳时，从小争强好胜的他也不放过展示自己的机会，他总是要和小伙伴们打赌、比赛。山姆·沃尔顿从小显示出的雄心勃勃和强烈的好胜心，为他以后事业的发展奠定了坚实的基础。贫穷和磨难不但没有让这个坚强的孩子对未来生活失去希望，反而给了他面对挑战的勇气。

父母的影响

山姆·沃尔顿的父亲托马斯·吉布森·沃尔顿是一个任劳任怨、肯卖力气赚钱的农村人。在经济萧条的年代，山姆的父亲迫于生计总是在到处找工作，他曾经做过银行职员、农场主、农业贷款的评估人、保险代理人以及不动产经纪人。尽管如此，有时他还是一连几个月都找不到工作。幸好山姆·沃尔顿兄弟正在渐渐长大，这让他们的父亲看到了生活的希望。

在山姆·沃尔顿的印象中，父亲是最会讨价还价的人，当他和别人谈交易的时候，总是能够准确猜到对方的底价，所以，他能够"恰到好处"地"狠杀到底"，顺利达成交易。有时父亲出的价钱低到让在一旁静观的山姆也感到难堪，有时交易方会和父亲争得面红耳赤，不过，值得庆幸的是，无论交易的过程是怎样的不愉快，最后，父亲总是能够和对方握手言和，成为朋友。这让山姆·沃尔顿从小就从父亲那里学会了讨价还价的本领。不仅如此，山姆还继承了父亲的勤奋工作和诚实的优秀品质。山姆·沃尔顿的父亲是一个喜欢动脑筋的人，他总是能够做成一些小成本的生意，比如交换房屋、汽车、农场和牲畜。5岁那年，父亲就曾用全家在翠鸟镇的农场交换到位于俄克拉荷马州靠近奥米加的另一座农场。

山姆·沃尔顿的母亲南·沃尔顿对山姆的影响也是很大的，山姆甚至觉得自己所具有的冲动和野心都是天生而来，它们从他呱呱坠地那天起便和他一起脱离了娘胎。他的母亲是一个怀有大抱负的女人，也是对山姆影响最大的人。山姆认为，他从小就显示出的雄心勃勃正是来自于母亲。山姆的母亲只读了一年大学就退学结婚了，虽然她自己没有机会接受太多的教育，但是她对子女都有很高的期望。从两个儿子出生的那一刻开始，她就打定主意让他们上大学，并要有所作为。她是个很善于鼓动人心的人，她告诫儿子，不论事情成败，一定要保持坚定的决心。山姆牢记了这一点，因此，只要是有兴趣的事，他无不全力以赴。而且，一旦投入，他总是把个人目标定得很高，要干就干得最好——儿时送报是这样，当童子军是这样，当班长是这样，参加棒球队也是这样。他的母亲南·沃尔顿作为沃尔顿家族中带给他极大影响的人，是山姆成长过程中最出色的教师。山姆一生中最悲伤的事情之一，是正当他的事业蒸蒸日上的时候，他的母亲却年纪轻轻就去世了，她死于癌症。

在贫困、不断迁徙的生活中，南·沃尔顿总是保持着积极的生活态度。母亲身上拥有的善良、勤恳、慈爱，以及热爱读书、待人热情、生活节俭的品质在潜移默化中深深影响了山姆·沃尔顿，并被他继承下来，也为山姆·沃尔顿以后的成功奠定了基础。在母亲的言传身教下，山姆·沃尔顿成长为满怀热情的人，对于任何感兴趣的事儿，他都会不惜任何代价，执著地去做好它，直到最终获得成功。

父母是孩子的第一任老师。山姆·沃尔顿优秀的父母是促使他以后事业成功不可或缺的力量。

绝不会乱花一美分的山姆

美国经济大萧条时期，急着赚钱贴补家用的母亲灵机一动，在住处开了一家牛奶店。懂事早熟的山姆·沃尔顿每天都会很早起床充当"挤奶工"的角色，母亲则负责加工和装瓶。一切妥当之后，山姆·沃尔顿就去和伙伴们踢一会儿足球，然后在固定的时间里跑回家帮助母亲送牛奶。他们的订户不是很多，大概有十几户，订户们花 10 美分就可以买到 1加仑牛奶。送完牛奶之后，山姆·沃尔顿会早早地守候在母亲的身边，看着她将剩下的牛奶倒入锅里，再加入一些鸡蛋和砂糖，然后倒入打蛋机里，加上一些朗姆酒。很快，他就能吃到温软美味的奶油了。由于弟弟巴德讨厌牛奶的味道，这就成了他独享的一份乐趣。

这是山姆·沃尔顿童年时代最快乐的事情。

大约七岁的时候，山姆·沃尔顿找了一份送报纸和杂志的工作。后来，从七年级到大学的阶段，山姆·沃尔顿始终按照固定的路线给订户们送报。另外，他还饲养兔子和鸽子拿出去卖。

山姆·沃尔顿曾经写道："我从很小起就知道，小孩帮助家里养家糊口，做个贡献者而不是一个单纯的索取者是多么重要。当然，在这个过程中，我也懂得用自己的双手挣一美元是多么艰辛，而且也体会到，当你这么做了，你会觉得这是值得的。有一件事，我的爸爸妈妈看法是完全一致的，即对钱的态度，绝不乱花一美分。"

赢得"鹰级徽章"

山姆还是个孩子的时候，就有很强的竞争意识。不管是打球还是游泳，他总是要和同伴竞争。山姆在初中毕业后加入了童子军，并和同伴打赌，看谁第一个得到鹰徽。美国童子军（BSA）成立于1910年，是美国最大的少年儿童团体，也是美国国民素质教育的重要组成部分，它把美国

人认为重要的价值观通过参加一系列户外活动而逐渐灌输给少年

儿童。

　　对于山姆·沃尔顿来说，得到鹰级童子军徽章是一件很不容易的事，它的获得者需要极端"骁勇善战"。而且，大多数鹰级童子军都比山姆年龄大。就在离开马歇尔镇的那年，山姆赢得了一份十几年来最好的礼物，也就是他曾经和伙伴们争得面红耳赤的东西——一枚"鹰级徽章"。他成为当时密苏里州历史上最年轻的获得"鹰级徽章"的童子军。

　　1932年夏季的《谢尔拜纳民主党人》杂志曾记录了山姆·沃尔顿得到徽章的过程：

　　"住在谢尔拜纳的汤姆·沃尔顿夫妇的儿子山姆·沃尔顿，由于在童子军里受过训练，本星期四下午从索尔特河中救起了一名落水儿童唐纳德·彼特森，他是彼特森教授夫妇的小儿子……

　　唐纳德掉入河中，水太深，他无法爬上岸来，于是大喊救命。和孩子们一起来的洛伊·琼斯使尽办法想把他拉上来，但是唐纳德拼命挣扎，反而几次把琼斯拖下了水。正在不远处的少年沃尔顿见状，在唐纳德第五次沉入水中之际及时赶到。他从背后抓住唐纳德，用他在受训时学到的技术把小孩拖上岸，对他施行人工呼吸。童子军必须熟练掌握这一套本领。

　　那时唐纳德已失去知觉，全身发紫。山姆花了好长时间才使他苏醒过来。"

　　回顾这件往事时，他认识到，他对实干始终有一种强烈的偏爱。虽然坦率地说，谈到这些还是使他不好意思，因为他担心有人会认为似乎他在吹牛或试图把自己吹嘘成某个大英雄。这特别使他烦恼，因为他从很早以前就懂得，在公众面前自我吹嘘肯定不是建立一个有效企业组织的成功之道。一个追求个人荣耀的人决不会取得多少成就；在沃尔玛取得的一切成就都是齐心协力、协同战斗、为实现一个共同目标而奋斗的结果。

青少年时期酷爱球类运动

　　山姆在小学五年级的时候，就加入了一支由他朋友的父亲组织的少年美式橄榄球队，学习如何与他人协同配合，共同作战，并开始随队与其他城镇（如敖德萨、锡代利亚和里士满镇）的各个橄榄球队比赛。在这支橄榄球队中，山姆负责打边锋。尽管当时他还是一个小孩，还不能挤到人群中抢球，但是他强烈渴望能够成为跑卫或者四分卫。这个愿望终于在他们一家人搬迁到谢尔拜纳镇的时候实现了。当时，山姆·沃尔顿参加橄榄球队的经验早已超过九年级的大多数同龄人，所以他终于如愿以偿地成为球队的二线四分卫。

　　九年级的时候，尽管山姆·沃尔顿个子十分瘦小，但是作为一个有着丰富拦截、绊人和传球经验的队员，他还是荣幸地获得了带有校名首字母的标志。离开了谢尔拜纳镇之后，他们全家在哥伦比亚镇定居。山姆·沃尔顿在当地的希克曼高级中学读书，他仍然一直没有离开过橄榄球队。球队生活成为他整个高中生活的主要组成部分——他所在的橄榄球队是校一级的球队——希克曼丘比斯队。

丰富多彩的高中生活，让山姆·沃尔顿变得更加活跃起来，他似乎找到了一个"鹰击长空"的展示舞台。他那充沛的体力和明朗的笑容时常带动很多人投入到校内活动中。山姆·沃尔顿并不是人们口中所说的天才，但是他所取得的优异成绩，让他获得了无数荣誉。

高中时，精力充沛的山姆·沃尔顿又喜欢上了篮球运动，他卖力训练，一心想入选篮球队。功夫不负有心人，他成了一名后卫，有时也会作为替补选手上场参赛。山姆·沃尔顿虽然称不上是一个出色的投球手，但是他控球的技术相当不错，称得上是一个真正理想的球场指挥——这样的团队作战方式也是山姆·沃尔顿最喜欢的。

山姆·沃尔顿所在的篮球队是一个以"跑"为特点的球队。作为一名后卫，山姆·沃尔顿奔跑的速度一点也不快，如果强行奔跑的话，他的体力消耗会很大。好在山姆·沃尔顿是一个足智多谋的小伙子，有时甚至可以用狡猾来形容他的聪明：他在速度上比不过别人，却能在一瞬间骗过对方，扑到球。在防守的过程中，他最高兴的事情便是教练一声令下，换他去打中后卫。球队的教练十分清楚每个队员的身体状况、技能和速度，而山姆·沃尔顿打中后卫的优势在于，他对篮球在传递过程中的方向具有敏锐的洞察力。

激动人心的事情接踵而至。山姆·沃尔顿效力的篮球队最终摘取了桂冠。这里不得不说的是，山姆·沃尔顿高中时期的运动员经历让人难以置信，他在为篮球队效力的同时也是橄榄球队的四分卫，这支球队和他的篮球队一样，也是声名远扬的"常胜队"。更加神奇的是，没过多久，他的橄榄球队也赢得了州冠军。

山姆·沃尔顿一向酷爱打球，他自信地认为自己能够成为一个合格的运动员。这不难让我们联想到他在沃尔玛家族中所扮演的角色和所处的地位，一种天赋或许可以激发多种潜能——山姆·沃尔顿是一位出色的鼓动者。

有这样一个难以置信却又真实存在的事实，即山姆·沃尔顿整个一生中，从未输过一场橄榄球赛。这当中我们不能排除某种幸运的成分，比如生病或受伤，或有几场不一定能赢的球赛他未参加，从而避开了某几场可能会输掉的球赛。但是，这样一个完美不败的纪录深深地影响了少年时代的山姆·沃尔顿。他从中学到了很多东西，例如打球的经历让他勇敢地迎难而上，接受挑战，始终计划去取得胜利。

在日后的创业过程中，山姆·沃尔顿一直把沃尔玛家族当做是一支足以应对任何竞争的橄榄球队。他从来没有想到过这个"球队"会输球。对山姆·沃尔顿来说，"赢球"在他的生命中几乎是一种理所当然的权利。奇怪的是，山姆·沃尔顿越是这样思考问题，似乎就越容易将其变成某种目标实现的预言。

由于山姆·沃尔顿曾经在希克曼丘比斯这支常胜的州冠军队中打过四分卫，他在密苏里大学所在地——哥伦比亚镇附近一带早已小有名气，所以山姆顺理成章地进入了密苏里大学。

大学生活多姿多彩

　　自由而开放的大学生活让山姆·沃尔顿找到了一种兴奋无比的感觉，他很快爱上了这里，并且积极地扮演起自己的角色，准备开始一场辉煌的、夺目的汇报演出。一如以往，活跃的山姆·沃尔顿很快成了同学们眼中的焦点，他也被众多的大学联谊会所邀请。

　　通常来说，大学里的许多学生联谊会只对家境富裕的学生开放，像山姆·沃尔顿这样的"乡巴老"是没有资格参加联谊会的。但是，他们却热情地举行招待会邀请山姆·沃尔顿加入。考虑再三，山姆·沃尔顿将手中的橄榄枝伸向了学校最顶尖的联谊会，也是多年以来领导着校内运动员联盟的贝塔·赛塔联谊会。

　　山姆·沃尔顿大学二年级的时候被贝塔·赛塔联谊会的友人一致举荐为负责吸收会员的组长。为此，山姆·沃尔顿买了一辆真正的老式福特汽车。

　　在那个炎热而难忘的夏天里，他一个人驾车跑遍了全州，和贝塔·赛塔联谊会希望网罗的候选会员们挨个儿会晤。当时，他已下定决心，要通过自身的努力去竞选学生会主席。他早就领悟了要成为校园领导的许多秘诀中的一个，这是所有事情中最简单的事情——对迎面走来的任何人先主动打招呼。他在校园中就是这样做的，在送报纸时，也是这么做。他总是目视前方，向朝他走来的人问好。如果是认识的人，他一定叫得出他们的名字；但是，即使遇到他不认识的人，他也会主动打招呼。

不久，山姆·沃尔顿认识的同学远远超过了其他候选人。每次，他都会爽朗地对迎面走来的年轻面孔说："嗨，你好，我是山姆，山姆·沃尔顿!"很快，学生们都认识了他，并把他看作是自己的朋友。为了能够在学生团体中得到一个位置，山姆·沃尔顿参加了校内各种学生团体的职位竞选。如同他所说的一样，从未想过输球，赢球是他的权利——山姆·沃尔顿顺利当选了大学高年级优等生协会的主席，这也是他所在的贝塔·赛塔联谊会的一个职务，此外他还担任了高年级班的班长。同时，他如愿以偿地成为了校内美国后备军官训练团的精锐军事组织"鞘与刃"剑社的队长和主席。《大学联谊会报》上曾经发表过的一篇名为《精力充沛的沃尔顿》的文章中说，山姆是一个少有的学生，他竟叫得出每一个门房的名字。他在教堂里传递"盘子"（指劝人捐款奉献），喜欢参加各种组织。

山姆在 1940 午 6 月从密苏里大学毕业，并取得了工商学士学位。他一直是用功读书的，恐怕同他一生中工作时一样刻苦。他始终精力充沛，但他对读书已感到厌倦。

自从读高中起，他一直是自己赚钱买衣服。这种情况一直持续到上大学，此外他的开支中还得加上学费、饭费、联谊会会费和交女朋友的钱。如果父母有能力的话，他们当然会乐意帮助他，但是那时恰逢大萧条，他们根本没有多余的钱。整个中学期间，山姆不得不一直送报纸；大学阶段，他则一直为《哥伦比亚密苏里人报》服务，不但增加了几条送报线路，还雇用了几个人帮忙，迅速成为该报的"头号销售员"，也让当时的发行经理埃兹拉·恩特里金对他一直记忆犹新。他一年大约可赚 4 000 到 5 000 美元，这在大萧条后期是相当可观的数目了。

山姆所送报纸的前任业务经理评论他说：我们雇用山姆当送报员，他却成了我们的头号推销员。他的业绩总是比别人好，他做得好极了，而且非常投入。

除了送报纸之外，山姆·沃尔顿还在餐厅做侍应生，这可以为他省去一日三餐的费用。在马歇尔小镇所进行的游泳比赛并没有白白举行，它让山姆·沃尔顿同时获得了一份游泳池安全救生员的职务。越是辛苦赚来的钱，就越是懂得珍惜，这也是山姆·沃尔顿始终珍惜每一美分的原因。但是，快要毕业的时候，他还是放弃了这种一边学习一边工作的做法，迫切地想要走出校门，在一个实际稳定的工作岗位上实现自己的价值。

第一次接触零售业

1939 年，山姆·沃尔顿读大三的时候，他们的隔壁搬来了一个名叫休·马丁利的邻居。正是通过这个人，山姆·沃尔顿有生以来第一次接触了零售业，第一次了解到如何做生意以及从事零售业的好处。休·马丁利原本是密苏里州某个小镇上一家理发店的理发师，后来改行做了零售，和他的兄弟合伙干起了连锁杂货店的生意，当时已经发展到 60 家分店的规模了。

由于两家是邻居，山姆·沃尔顿经常和休·马丁利碰面，山姆通常在距离三米远的位置便主动和对方打招呼。久而久之，休·马丁利对他的印象非常好，认为他是一个聪明上进的年轻人，不仅多次给他讲解从商之道，还积极地给他谋求了一份差事。可惜，当时的山姆·沃尔顿对零售业丝毫不感兴趣，他当时的志向是做一名保险推销员——这个想法源自高中时代。

山姆·沃尔顿原本计划拿到学位之后，马上进入宾夕法尼亚的沃顿金融学院继续深造。但是当他紧张地读完大学时，才意识到了一个严重的问题——即使继续维持打工学习两不误的方法，他所赚来的钱也不够去沃顿深造的学费。所以，山姆·沃尔顿决定先工作再说。他拜访了到大学招收雇员的两家公司的招募人员。他们为山姆·沃尔顿提供了空缺的工作职位。山姆·沃尔顿欣然选择了彭尼公司的职位，婉言谢绝了西尔斯娄巴克公司的工作。

1940 年 6 月 3 日，山姆·沃尔顿到位于艾奥瓦州得梅因市的彭尼分店报到，作为一名管理部门的试用人员开始工作，月薪是 75 美元。这一天是山姆·沃尔顿正式进入零售业的日子，除了参军那段时间之外，他在这个行业中整整干了 52 年。

后来，山姆·沃尔顿发现，他之所以走进了零售业，是因为他早已厌倦了学习生活。仔细想想，或许这也算是命中注定，或许山姆·沃尔顿天生就是一个商人，因为当他进入彭尼公司后没多久就爱上了零售业，直到他去世也仍然热爱这个行业。

虽然山姆·沃尔顿在工作方面非常卖力，但是他的字一直写得很糟糕，以至于他的妻子海伦·沃尔顿经常取笑他说："噢，山姆先生，世界上大约只有五个人能够看得懂你写的那些像鸡刨的字，很可惜，我不属于这五个人的行列。"曾经也有其他人为此批评过他，但是山姆·沃尔顿对这个小问题从来都不屑一顾，他并不认为字写得不好会给自己造成多大的困难和障碍。他会忍不住反驳别人说："难道几个字母能给我带来多大的麻烦吗？"真的是一语成谶，这些简单的字母真的给山姆·沃尔顿的新工作带来了某些麻烦。

彭尼公司纽约总部有位名叫布莱克的合伙人，负责巡视全国各地的店铺，审计公司各个商店的账户以及考核员工等。他经常定期到山姆·沃尔顿工作的商店视察。布莱克是一个身材高大的男人，身高绝对在 6 英尺以上，他衣着考究，据山姆·沃尔顿仔细观察，他所穿戴的是彭尼公司最好的西装、衬衫和领带。然而，这位看上去十分绅士并在初次见面就让山姆·沃尔顿产生好感的先生，对他的工作表现非常不满意，因为他在检查账目的时候发现，山姆·沃尔顿经常把销货发票写得一塌糊涂，让人不得不皱着眉头去阅读上面连在一起的、凌乱的文字，并且经常不按规定操作现金出纳机。

同时，当新来的客户耐心地等待他将选好的商品打包的时候，山姆·沃尔顿却在手忙脚乱地做着其他事情。倒霉的是，每次这种狼狈不堪的情形都会被定期抽查的布莱克撞见。于是，他会毫不客气地走到山姆·沃尔顿身边停下，用一种委婉却很有力度的口气说："沃尔顿，如果你不是一个出色的销售员的话，我一定会解雇你的。我猜想，你一定是和零售业十分有缘。"庆幸的是，山姆·沃尔顿从不把这些话当做是讽刺或是挖苦，他能够正确地看待自己所犯的错误，并积极地去改正。这也是商店经理邓肯·梅杰斯支持他的原因之一。邓肯·梅杰斯为彭尼公司培养了大批的经理人才，他有自己的一套方法，是一位非常成功的经理。

某个星期天的早晨，山姆·沃尔顿正在理货，他看到远处的邓肯·梅杰斯刚收到彭尼公司寄给他的年度红利支票，一副手舞足蹈的模样。后来，山姆·沃尔顿才从其他人口中得知，那是一张价值65 000美元的支票！这个场景给山姆·沃尔顿以及在场的一些小伙子们留下了极其深刻的印象。除了由衷地感叹邓肯·梅杰斯在工作上的出色表现之外，他们对零售业充满了美好的憧憬。

公司的大老板詹姆斯·卡什·彭尼本人也亲自视察过山姆·沃尔顿所在的那家店。他在路过山姆·沃尔顿身边的时候停了下来，认真地看他工作，然后轻轻地伸出手给他做示范，教他如何捆扎和包装商品，如何在用非常少的麻线和非常小的纸张捆扎包装时使商品依然包得好看。山姆·沃尔顿表现得虚心好学，但是却异常冷静，倒是那些围观的员工显示出一种兴致勃勃的冲动。

山姆·沃尔顿为彭尼公司工作了大约一年半的时间，那段时间里，他非常庆幸自己走进了这家在零售行业中占有龙头地位的公司。而且，早在那个时期，他就开始关注零售业的竞争势头了。山姆·沃尔顿工作不远处的一个十字路口上有三家商店，他经常利用午餐的短暂时间去西尔斯和扬克商场溜达，看这几家店都在忙些什么，经营状况究竟如何。

然而，当山姆·沃尔顿在彭尼公司的工作稍有起色的时候，他却辞职了，作为一名美国后备军官训练团的毕业生，山姆·沃尔顿决定入伍参战。

结识海伦

山姆·沃尔顿的妻子海伦聪明漂亮，有教养和主见，并且雄心勃勃、意志坚强；她也曾是一个运动员，爱好户外活动，拥有充沛的活力。她在日后和山姆一起创建了沃尔玛，成为沃尔玛家族的灵魂人物之一。

山姆·沃尔顿和海伦相识在 1942 年 4 月的一个晚上。当时山姆·沃尔顿已经大学毕业，并作为美国后备军官训练团的一员雄心勃勃地决定应征入伍。然而，准备参加战斗部队的他，在参加体检的时候却被查出患有轻微的心律不齐，无奈被划入执行后勤任务的部队。这让一向喜欢竞争的山姆·沃尔顿感到非常沮丧。

4月的某个晚上，失意的山姆·沃尔顿在住所附近的一家保龄球俱乐部认识了海伦·罗布森，并对她一见钟情。那是海伦第一次玩保龄球，并且正在和另一个男孩约会。当笨拙地扔完一个球的时候，她发现不远处一个年轻的男孩正在出神地盯着自己。海伦羞涩地低着头径直走向休息用的座椅，而盯着她看的山姆·沃尔顿的双脚刚好搁在她的椅背上。看到海伦向自己走来，山姆·沃尔顿连忙抽回了双脚。看着眼前似曾相识的姑娘，山姆·沃尔顿对海伦说："我好像以前在哪个地方看到过你，不是吗？"拘谨地坐在座椅上的海伦听到这句话时忍不住笑了一下，并打量起眼前的男孩。她很快想起来，这个拥有迷人笑容的男孩子和她读过同一所大学。那晚过后，山姆·沃尔顿很快就和海伦坠入了爱河。海伦没过多久就把他带到了家人的面前。

对于海伦来说，遇到山姆·沃尔顿是命中注定的事情。随着年龄越来越大，她的父母经常和她提起关于"找一个什么样的伴侣"的话题，这种坦诚的交流方式让海伦很早便对父母敞开了心扉，她总是对她的父母说："我要嫁一个精力旺盛，干劲冲天，有追求成功的强烈欲望的人。"所以，海伦的家人很快喜欢上了山姆这个乐观、谦虚，并且充满活力的小伙子，并为海伦能够找到预想中的另一半而高兴。如果说山姆·沃尔顿是海伦所追求的目标的话，那么她的目标的确比任何一个女人都要远大。

就在山姆和海伦处于热恋的时候，他接到了军方征召服役的通知。虽然因为患有心律不齐，山姆不能上前线作战，但他仍然能够接受后备军官训练团的任职，担任少尉军官。

　　面对分别，山姆·沃尔顿决定了他人生中的一件大事——向海伦求婚。他于 1943 年 2 月 14 日，也就是情人节的当天，与海伦在海伦的家乡俄克拉荷马州的克莱尔莫尔镇举行了婚礼。

第二章　沃尔顿创业时期的艰苦岁月

山姆·沃尔顿离开部队后，便与妻子海伦开了一家杂货店。虽然他们非常努力，但是由于缺乏开店经验，杂货店开业不久便遇到了很大的困难。他们并没被困难压垮，乐观而自信的山姆把挫折看作历练，在失败中不断地吸取经验教训，结果他的生意越做越大，事业蒸蒸日上。

夫妻共同创业

1945 年，山姆·沃尔顿离开了部队之后，他便开始筹划从事零售业的事宜，同时他也下定决心要在这个行业中闯出属于自己的一片天空。正当山姆·沃尔顿雄心勃勃地准备开始"小试牛刀"的时候，海伦的父亲却找上门来，他希望山姆·沃尔顿小两口搬到克莱尔莫尔去住。海伦的父亲是一个非常出色的律师、银行家和牧场主，他有足够的能力保证女儿和女婿未来的日子衣食无忧。当听说山姆·沃尔顿即将带着女儿离乡背井的时候，老人不希望自己的女儿受苦，忍不住提出了这个要求。山姆·沃尔顿不想辜负岳父的一片好意，但更不想放弃这个谋划已久的创业蓝图，只好让海伦出面和老人去谈。海伦话语恳切而真诚地向父亲表达了他们要靠自己的努力而生活的意愿，并得到了父亲的谅解。岳父的支持让山姆·沃尔顿全身心地投入到工作当中。

山姆·沃尔顿准备离开部队的时候，遇上了他在谢尔拜纳时认识的一个老朋友汤姆·贝茨，当时正在巴特勒兄弟公司鞋靴部工作的汤姆也打算投身百货业。汤姆所在的巴特勒兄弟公司是由两家特许经营的连锁店组成的一家地区性零售商——一家由小型百货店组成的连锁商店名叫"联合百货店"；另一家由杂货店组成的连锁店，名叫"本·富兰克林商店"。这种杂货店投资成本较低。

汤姆听说山姆·沃尔顿创业的想法后，十分激动，他希望山姆·沃尔顿能够抓住这一宝贵的机缘，并建议他们两人合伙，各人拿出两万美元，买下圣路易斯市内德尔马大街的一家连锁商店。山姆认为，汤姆的主意不错。海伦和山姆当时手头只有 5 000 美元左右，而他想他们可以从她父亲那里借到其余的钱。海伦的父亲始终对他充满信心，并且非常支持他。山姆和海伦商量，先向她的父亲借一下启动资金，海伦十分赞同。海伦放弃了她的法律专业，成了山姆·沃尔顿生意伙伴中的最佳拍档。

然而，当资金真正到位之后，海伦和山姆·沃尔顿却改变了与人合伙经营的念头，决定自己独立经营。正是这个决定促成了沃尔顿家族企业雏形的形成，即将组建的夫妻小店也正是沃尔顿家族企业的成长基石。汤姆对此表示遗憾的同时，承诺可以帮他做一些力所能及的事。在汤姆的帮助下，山姆·沃尔顿了解到巴特勒兄弟公司正好有一家位于阿肯色州纽波特的本·富兰克林杂货店准备转让经营权。山姆·沃尔顿决定去看一看那家店铺。纽波特是一个棉花集散地，也是铁路运输重要的枢纽，它位于阿肯色东部的密西西比河三角洲地区。当时，山姆·沃尔顿的出现对于那家店铺的拥有者来说，简直就是雪中送炭。那家店铺的拥有者来自圣路易斯，自从承包下这家杂货店之后，生意越做越糟糕，一直在亏损。所以，当山姆·沃尔顿出现在他的面前，并告诉他可能接手这家店铺的时候，他感到太幸福了。

当时年仅 27 岁的山姆·沃尔顿对自己充满信心。他很快便以 25 000 美元买下了这个店面，并签署了一份合同。商店开业之前，一贯雄心勃勃的山姆·沃尔顿给自己设定了一个目标：他要使这家纽波特的小店在 5 年内变成阿肯色州经营最好、获利最多的杂货商店，并开始为此努力。然而，事情并非如他想象的那么简单。当山姆·沃尔顿顺利接手这个店铺并深入了解之后，他发现，这家店铺除了昂贵的、可以称之为被诈骗的店铺租金之外，还存在严重的亏损问题。强悍的竞争对手也让这家小店铺渐渐趋于倒闭。

学习对手并创造新的销售方法

小店开业之后，山姆·沃尔顿便开始摸索经营之道。渐渐地，他开始意识到自己在经营方面的幼稚和无知。在这段摸黑行路般的艰难的创业过程中，山姆得出了一个他终生不忘的结论：可以向任何人学习。他不仅通过阅读手头可以得到的每一本有关零售业的书刊进行学习，还在研究街对面的约翰·邓纳姆先生的做法时学到了大量管理经验。

小店开业之后，山姆·沃尔顿就把目光聚集到大街对面的斯特林商店了。他注意到：同样的货品，同样在一条街上，对面商店的客人却比自己的多很多。这让山姆困惑不已，为了弄清这个问题他走进了这家店。在当时炎热的天气里，斯特林商店的店员并没有昏昏欲睡，而是热情洋溢地招待他。山姆·沃尔顿开始观察这家店商品的价格、陈列位置等，并把看到的写在事先准备好的记事本上带了回去。此后，山姆·沃尔顿又多次前往斯特林商店观察和学习，他看到对手如何管理商店，如何与客户交流。

令山姆终身难忘的是一笔与哈里做的生意，这是山姆曾经做过的最好的生意之一，也是他早期在定价知识方面所学到的重要一课。这一课的内容最终成为沃尔玛公司的经营哲学的基础。如果你对"沃尔玛公司的经营方式"感兴趣，这是一个必须详加考察和注意的例子。

哈里按每打2美元的批发价经销女内裤——腰部有弹性的双线斜纹缎的紧身裤。山姆过去一直按每打2.5美元向本·富兰克林公司购买相同的紧身裤并按1美元3条的零售价出售。因此，如果按哈里的每打2美元的价格，山姆就能按1美元4条的价格推销他的商品，并且为他的商店作一次很大的促销。这个众所周知的道理，最终改变了全美国零售商出售和顾客们购买商品的方式。比方说山姆按80美分买进一件东西，他发现如按1美元定价出售，其销售将是按1.2美元定价出售的销售量的三倍以上。以1美元为定价时，每件商品所赚的利润也许只有按1.2美元定价的一半，但由于他卖出了三倍的货物，总的利润就大大增加了。道理简单得很，但是这恰恰是折扣销售的实质所在。通过削价，商家可以扩大销售额，即按较低零售价出售货物赚得的利润大于按较高零售价出售货物所得的利润。

寻找新的供货商

　　山姆·沃尔顿从管理这家本·富兰克林特许商店中学到了大量有关经营的知识。本·富兰克林公司对管理各个独立的商店有一个出色的经营计划，是一种告诉人们如何经营商店的固定程序。经营商店本身就是一种获得知识的实践。本·富兰克林公司有自己的一套会计制度；有工作手册告诉特许经营者该做什么，何时做，以及怎样做。它们有商业报表，有应收账账单，有损益账账单，有小型分类账簿。它们拥有一个独立商家经营一家受控制的企业所需要的全部经营工具。山姆·沃尔顿在会计核算方面没有什么经验，他在大学里会计学成绩平平，所以只是根据本·富兰克林特许商店的会计体系进行记账。山姆·沃尔顿的高明之处除了不断观察和学习之外，就是在所学的基础上不断地创新和发展，他是一个勇于尝试和冒险的人。然而，他在此后的经营过程中打破了本·富兰克林公司的其他种种规则，却仍然利用了它的会计制度。关于这一点，这里不得不着重提一下，山姆·沃尔顿正是利用这套会计制度管理沃尔顿家族开头的五六家商店的，这是一种"为我所用"的精明之举。

本·富兰克林特许经营计划让 27 岁的山姆·沃尔顿受益匪浅，但是，年轻的山姆·沃尔顿和他的妻子海伦却有很多好主意被禁锢了，因为巴特勒兄弟公司要求沃尔顿夫妇刻板地按照公司的"本本"经营方式办事，根本不给他们什么自主经营权。他们小店里销售的商品是在芝加哥、圣路易斯或堪萨斯城集中调配的，必须由公司决定他们可以卖什么商品，商品卖什么价钱，甚至从公司批发商品的价格也不能随意讨价还价。在为期两周的培训中，山姆·沃尔顿被告知，公司选择的商品正是顾客所需要的东西，他必须从公司至少订购80％的商品，这么做的好处就是年终时可以得到一笔回扣。然而，当山姆·沃尔顿问到如何得到 6％ 或 7％ 的净利润的时候，公司则中规中矩地告诉他必须雇用多少店员或者做多少广告。这就是大部分特许商店经营的模式。

一开始为了保险起见，山姆·沃尔顿夫妇按照公司的"本本"经营方式打理自家的小店，因为他们没有任何经验，只能稳中求胜。但是，没过多久他们就按捺不住了，开始进行尝试和改革——这也是沃尔玛公司一直在做的事情。经过一段时间的摸索，山姆·沃尔顿很快就制订了一份不错的促销计划，他开始直接向制造商购买商品。起初，他费了大量口舌与制造商打交道。他告诉他们说："我想直接购买这些丝袜带和领结。我不希望你们先把它们卖给巴特勒兄弟公司，然后我不得不多付 25% 的钱再向他们购买。我要直接订货。"然而，这种措辞并不能说服制造商，如果说非得得罪一个买主的话，他们会毫不留情地选择得罪山姆·沃尔顿——和巴特勒兄弟公司这样的大主顾相比，那时候的山姆·沃尔顿实在是微不足道。所以，他经常遭到拒绝。不过，有时他也能碰到一两家愿意通融并按他要求行事的制造商。

为了节约更多的成本，赢得更加丰厚的利润，山姆·沃尔顿不只是留在店里，他开始驾驶着汽车穿梭在田纳西州的各个地方。终于，他找到了一些"非传统"的供应商，他们为他提供了低于本·富兰克林的批发价格的货源。计划实施没多久之后，山姆·沃尔顿开始忙碌起来，他喜欢这样的感觉，这意味着有钱可赚了。他会在店里忙碌整个白天，然后在商店打烊后驾车上路，风尘仆仆地赶往位于密苏里州科登伍德波因特的密西西比河渡口，进入田纳西州。他的汽车后面挂着一辆自制的拖车。到达目的地之后，山姆也不会让自己闲下来，他通常会在汽车里和拖车上塞满货物，大都是一些易销的纺织品，例如女式紧身裤、尼龙袜、男衬衫等等。

他把这些以自己中意的价格买到的货品搬回来，再用低于其他商店的价格出售，随着计划的顺利实施，收效也渐渐明显起来。但是，山姆·沃尔顿的做法很快就被本·富兰克林公司发现了，他们一方面感到震惊，一方面感到恼火。震惊的原因是，在当时所有的特许经营店当中，没有一家不坚持执行公司的"本本"经营方式，他们习惯了墨守成规的经营流程；恼火的原因是，他们在销售额上无法抽成，在采购价格上也无法和山姆·沃尔顿的小店竞争。

随后，山姆·沃尔顿又将业务发展到田纳西州以外的地区，他很快便通过信件和纽约的一位名叫哈里·韦纳的制造商代理人建立了合作关系。哈里在纽约的第七大街505号开设了一家公司，经营的是一种非常简单的业务。他访问各种不同的制造商，然后列出他们待售货物的清单，当山姆·沃尔顿这样的人找到他并给他一份采购订单后，他就把订单交给那些可以提供相关物品的工厂，并从中收取5%的佣金。

与本·富兰克林的25%相比，5%的佣金对山姆·沃尔顿来说简直是太划算了。

又一次胜利

山姆·沃尔顿经营的特许商店迅速从一家濒临倒闭的小商铺发展成为纽波特经营业绩最好的企业之一，山姆·沃尔顿很快还清了他从岳父那里借的 2 万美元。事业的蒸蒸日上让山姆夫妇高兴的同时，也让他们开始筹划伸开拳脚，大干一番！于是，他们借鉴先前积累的成功经验，开始实施大量行之有效的促销行动。

他们首先打起了卖爆米花的主意。山姆·沃尔顿购买了一台爆米花机，并将它摆放在人行道上。这样现做现卖的方式吸引了很多人的注意，爆米花的生意达到了预想的效果。这让山姆·沃尔顿夫妇特别高兴，于是他们决定趁热打铁，增设一台冰淇淋机，将它和爆米花机一起摆在外面，同时卖爆米花和冰淇淋。但是，他们必须面对的现实是店里除了作为救命钱的流动资金外，没有别的钱添置冰淇淋机了。流动资金是万万不能动的，山姆·沃尔顿苦思冥想之后决定向银行贷款。

山姆·沃尔顿从银行贷的第一笔款是 1 800 美元，他做了他父亲年轻时想做却不敢做的事，这也是使山姆·沃尔顿日后走向成功的又一项举措。山姆·沃尔顿用贷款买了一台叮当作响的冰淇淋机放在爆米花机旁边，这是一项新鲜而又与众不同的试验，他试图用这种促销方法赚取更多的利润。事实证明，他成功了。三年之内，山姆·沃尔顿付清了购买冰淇淋机的贷款，而不是如一些人所猜测的那样，因为购买新奇的冰淇淋机而倾家荡产。他的成功被所有人铭记于心。这次大胆的尝试以及成功实践让山姆·沃尔顿感到无比自豪。

就在山姆·沃尔顿事业小有成就的同时，他的兄弟巴德·沃尔顿战后退役了。山姆·沃尔顿很快邀请弟弟到店里帮忙，于是巴德·沃尔顿也成了生意的又一个主要家族合伙人。

当时的三个家族企业成员做过包括清洗橱窗，布置橱窗，打扫地板，整理储藏室，登记入库货物在内的各种工作。

在巴德·沃尔特的眼里，山姆是个很有经商头脑的人，他总是能够想到办法解决困难，并在此过程中尝试一些特别的方法。

开设"伊格尔百货商店"

当山姆·沃尔顿开始经手本·富兰克林商店之后，在三年之中，纽波特所有的杂货商店经营者都对他从小觑到旁观，再到紧张。在此期间，山姆·沃尔顿商店的销售额从 7.2 万美元达到了第一年 10.5 万美元，第二年 14 万美元，第三年 17.5 万美元。

位于黑泽尔大街转角处的斯特林商店曾经是山姆·沃尔顿最大的竞争对手。尽管店面比山姆·沃尔顿的商店稍小一点，却并没有影响约翰·邓纳姆经理将其经营得越来越好，当刚脱下军装的山姆·沃尔顿从老业主手里接管这家本·富兰克林特许店的时候，斯特林商店的年营业额是他店里的两倍。在自己一窍不通的零售业中，山姆·沃尔顿无疑遇到了一个强硬的对手。然而，三年之后，他却让自己这家破败不堪的小店扭亏为盈，并超过了老约翰的斯特林商店。

当时，山姆·沃尔顿对社区动态十分敏感，他关心着周围每一个人的一举一动。所以斯特林商店打算偷偷地买下它隔壁的克罗格商店租赁权的决定未能逃脱他的眼睛。对方一旦成功，约翰的斯特林商店将会比山姆·沃尔顿的特许经营店大很多。想要通过扩大店面来提升竞争力吗？精明的山姆·沃尔顿绝对不会坐视不理，他急匆匆地赶到温泉城，找到克罗格商店大楼的女房东，千方百计地说服了她把店面租给自己。这么做的时候，山姆·沃尔顿并不知道租下这座楼房的具体实用价值，他只是不断地告诫自己，绝对不能让约翰扩大斯特林商店的面积。

后来，山姆·沃尔顿用这个店面开了一家小型百货商店。这个时候，纽波特已经有好几家百货商店了，其中一家的经营者刚好是山姆·沃尔顿这家商店的房东——自诩为"倒霉鬼"的霍姆斯先生。当时，老业主霍姆斯仍旧留在零售业的事情没有引起山姆·沃尔顿的重视和思考，他并没有意识到一件麻烦事即将让刚刚站稳的企业动摇。春风得意的山姆·沃尔顿依旧充满激情地按照自己的计划行事，为昔日的克罗格商店改头换面。他首先买了一块招牌，然后从内布拉斯加州的一家公司订购新货架，采购各种能够销售出去的货物，如衬衣、裤子、夹克等。

当新货架运送到火车站的时候，查利·鲍姆正在纽波特监督山姆·沃尔顿的生意，他刚好可以帮忙安顿和整理。他们将货架拉到店里，然后把它们组装起来，摆放到店堂，再将货物上架。山姆·沃尔顿十分感谢查利的帮助，他赞扬他是一位商店布置专家。

忙碌了6天之后，商店正式开张了，山姆·沃尔顿把它命名为"伊格尔百货商店"（伊格尔在英文中的意思是鹰），沃尔顿家族企业连锁经营模式初具雏形。山姆·沃尔顿在纽波特的前大街上有了两家商店，他变得更加忙碌了，不停地穿梭于两家店之间。不知道为什么，伊格尔商店自从开业以来一直保持平稳运转状态，从未亏损，也没有赚过大钱。从某种意义上来讲，山姆·沃尔顿的这两家店会存在竞争，但是不会很多，他会把伊格尔商店内销路不好的货物拿到本·富兰克林商店销售。尽管如此，山姆·沃尔顿仍然努力地维持现状，他宁可少赚一点钱，也不会让竞争对手变得比自己强大。

挫折降临

山姆的本·富兰克林特许经营店在五年的经营中，每年的营业额可以达到 25 万美元，利润为 3 万至 4 万美元，这使得位于纽波特的本·富兰克林特许经营店成为本·富兰克林公司在阿肯色州以及其他五个州当中首屈一指的商店。

山姆·沃尔顿重温创业的经历时，总是感慨良多。他说："坚持勤恳、踏实的保守'作战方法'，坚持在现有基础上实行改革和创新是我事业成功的关键。"他虽然尝试过无数次新鲜的销售方法，但是坚持勤恳和踏实的保守经营方法，保证了他没有因为冒险尝试而倾家荡产。

虽然在五年中他们也犯过一些错误，但是大部分情况下山姆夫妇总是能够马上将它们纠正。然而令人意想不到的是，一个不易被察觉的微小过失，在五年之后却演变成了一个大漏洞，它不但粉碎了山姆·沃尔顿的梦想，而且破坏了沃尔顿家族企业在纽波特继续发展下去的可能。

五年前，这家本·富兰克林特许经营店曾经的店主，也是这家店的房东，曾经对雄心勃勃的山姆·沃尔顿的出现暗自庆幸，是山姆·沃尔顿这个"替死鬼"从他的手中接管了即将倒闭的本·富兰克林特许经营店。可是，在看到山姆·沃尔顿在五年后成为一个成功的贸易商之后，这个毫无管理能力的业主开始后悔当初的决定，于是，他翻出了五年前签署的租赁合同，法律条款上出现的一个小漏洞让他窃喜不已。原来，山姆·沃尔顿并没有在租赁合同中提出第一个五年期满后有权续约的条款。这意味着，房东有权利在五年租赁期满之后对这家商店的未来做一个决定。于是，房东迫不及待地拿着租赁合同找到山姆·沃尔顿，并告诉他：不再把店面继续租赁给他们。

山姆·沃尔顿听到这个消息后，并未料到房东的野心，为了保住小店，不惜开出高昂的租金。然而，对方由于完全知道在小镇上，山姆·沃尔顿的商店无处可搬，最终的结果肯定会让自己称心如意，所以始终坚持收回店面。别无选择的山姆·沃尔顿只好和海伦商量，决定放弃这家店。于是房东趁机买下了商店的特许经营权、货架和存货，并将这家商店交给他的儿子经营。

山姆·沃尔顿夫妇看到辛苦建立的事业就这样毁在一张契约上而悲伤不已，这对于他们来说就像是一场噩梦。然而，木已成舟，他们不得不走。

善良的山姆·沃尔顿没有对房东采取任何报复行动，他在离开纽波特之前，将伊格尔商店的租赁权卖给了斯特林商店。这是山姆·沃尔顿创业以来经历的人生最低潮。

不过，这次灾难让山姆·沃尔顿在日后的工作中养成了不论任何文件，必会认真阅读其每一项条款的习惯，也让他在从商的道路上更加小心。值得庆幸的是，从那时开始，山姆·沃尔顿年仅六岁的大儿子罗布森确立了人生的奋斗目标：做一名专门为沃尔顿家族企业服务的律师。困难打不垮坚强的山姆·沃尔顿夫妇，他们调整了心态，决定再次起航，一定要把沃尔顿家族事业做得更好。

在本顿维尔开设新店

离开纽波特的时候，山姆·沃尔顿32岁，已经从一个27岁的年轻实践者变成了一个经验丰富的商人。虽然被迫离开纽波特的经历带给他一些挫败感，但是天性坚定乐观的他并没有深陷其中不能自拔。很快，他便希望拥有一家新商店。转让本·富兰克林特许店的时候，他们赚了5万美元，因此他决心重新创业，并且要做得比从前更好更成功。

荒僻凄凉的"小杂货店"

1950年春天，山姆·沃尔顿和海伦带着孩子开始考察市场，物色较好的商铺，但是他们一直都没有找到合适的地方。直到有一天，海伦的父亲和他们一起开车出来寻找合适的开办店铺的地段时，他们终于发现了一个好地方：阿肯色州西北部的本顿维尔。

这是一个荒凉的乡下小镇，位于俄克拉荷马、堪萨斯、阿肯色和密苏里州的交界处，只有一条铁路通过，以出产苹果闻名。当山姆·沃尔顿决定在这里开店的时候，海伦简直不敢相信自己的耳朵，本顿维尔是一个只有约 3 000 人口的小镇，与纽波特这个拥有约 7 000 居民的城市相比，这里简直无法生活下去。

然而，山姆·沃尔顿却被本顿维尔这个小镇吸引了。他选择在这里重整河山颇有他的道理。首先，这里比纽波特更加接近海伦在克莱尔莫尔的家；其次，本顿维尔的地理位置刚好在几个州之间，让山姆·沃尔顿一年四季都有打猎的机会。所以，在他的心中，这个地方最理想。

确定地点之后，他们开始搜寻愿意出售的商店，并很快找到了哈里森杂货店。当时在这个小镇上已经有三家杂货店了，但山姆·沃尔顿一向喜欢往竞争力强的地方钻。为了证明自己具备东山再起的能力，他买下了哈里森杂货店。哈里森杂货店是一家小小的乡镇老店，店中有人们能够想象得到的各式各样的东西，是名副其实的小杂货店。

"小杂货店"变成了大商店

这个时候，山姆·沃尔顿已经知道应该怎么做了，他一点也不着急购买货架或是选购商品，而是考虑如何扩大营业面积。他把目光放在老店旁边的理发店上。拥有这家理发店的是两个来自堪萨斯城的寡妇，她们的思想比较顽固，山姆·沃尔顿用了很长时间才说服她们同意转让店面。有了上一次的教训，山姆不是签订一份5年的租约，而是订立了一份99年的租赁合同。这或许让人感到难以置信，但是"一朝被蛇咬，十年怕井绳"，山姆·沃尔顿在这份合同中，把沃尔顿家族企业继承人的利益也考虑在内了。

重新找到了一个施展才能的舞台，山姆·沃尔顿骨子里积压的雄心壮志找到了释放的途径。或许山姆·沃尔顿日后的成功正是因为他具备了良好的心态。他完全有实力把一个"小点"扩展为一个"大面"，这一次，他同样怀揣了一个大计划。山姆重新开始创业的时候，这家小杂货店每年的营业额只有3.2万美元，甚至比他在纽波特接手本·富兰克林特许店时的营业额还低了一半多。然而，如同本·富兰克林特许店在他的手里营业额从7.2万美元变成25万美元一样，他有足够的信心让这家小杂货店变成一家充满竞争力的大商店。

山姆·沃尔顿拆掉了理发店和杂货店之间的那堵墙，开始翻新店面，孩子们也参与其中。这些从小在折扣店里长大的孩子，早已将商店当成了家的一部分。山姆·沃尔顿拆掉了吊在天花板上的几个小灯泡，把货架换成了崭新的荧光灯照明的，经过一番整顿，以前的那家又小又陈旧的杂货店在小镇上消失了，取而代之的是一个约4 000平方英尺的巨型商店。的确，这个宽50英尺、长80英尺的新店，在小镇上绝对称得上是一家绝无仅有的大商店。接下来，山姆·沃尔顿开始搬运他在纽波特伊格尔商店里的货架，本·富兰克林公司的查利·鲍姆又一次赶来帮助他。他们将这些曾经亲手组装好的货架拆开，然后将它们装到一辆大卡车上运往本顿维尔。由于这辆货车在车载方面不符合政府的相关规定，山姆·沃尔顿只好带着他的货架绕过设在罗杰斯的一个过磅站，以避免被罚款。因此，他们不得不通过一段年久失修、泥泞不堪的公路，几个人被颠簸得头晕眼花不算，一半的货架也因此残损了。为了节约成本，在查利的帮助下，他们用各种办法将它们重新安装到了一起。

与此同时，山姆·沃尔顿注意到一条新闻，上面说设在明尼苏达州的两家本·富兰克林特许经营店已经实行了自助销售，这种销售方式在当时绝对是一个全新的经营概念。山姆·沃尔顿感到自己亟须创新和改革，以此让他的杂货店脱颖而出，吸引更多的客户。得知这条信息之后，他连夜长途跋涉赶往明尼苏达州的那两个实行自助销售的小镇，一个是派普斯通，另一个是沃辛顿。当山姆·沃尔顿看到这两家商店的格局时，他马上就喜欢上了。两家商店的货物全部摆设在四壁的货架上，而所有的通道上都设有两个"岛型"货柜，上面摆放着物美价廉的商品，可以任由顾客挑选。商店里没有四处溜达的店员，也没有随处可见的收银机，只在商店的门口设了一处收银地点。

实行自助销售的新店

自助选购的销售方式，大大提高了商店对顾客的信任度，也增加了顾客购买商品的欲望。体会到这么做的好处，山姆·沃尔顿回到本顿维尔之后，马上重新布置自己店面的格局。很快，全美国仅有的实行自助销售的第三家杂货店诞生了，它也是周围 8 个州内的第一家自选商店。为了让这种新颖的选购方式在招揽顾客的同时发挥更好的效果，山姆·沃尔顿又想出了新点子。他在店堂四周的大桶里装满了货物，好像选好池塘、放好诱饵，只等鱼儿上钩的渔夫一样，山姆·沃尔顿开始了至关重要的"点睛之笔"。1950 年 7 月 29 日，他在《本顿县民主党人》报上做了第一次广告，这是为沃尔玛廉价商店"重新开张大甩卖"做的广告。

广告内容宣称商店内有大量价廉物美的东西供应，如：向孩子们免费赠送气球，9 美分一打的衣夹，10 美分一只的玻璃茶杯。当地居民几乎每家都会订阅这份报纸，自然不会漏掉这么具有诱惑力的广告。他们纷纷出动，不断光顾商店，就像纽波特的那家商店一样，这家商店立刻脱颖而出，变成一家兴旺的企业，并很快成为当时同行业中一流的商店。尽管本顿维尔的这家杂货店依旧是本·富兰克林的特许经营店，但是它的经营模式和理念全部来自沃尔顿家族企业的开创者——山姆·沃尔顿。这一次的成功完全有别于纽波特的创业实践，它是山姆·沃尔顿作为贸易商人的一次成长和飞跃。
这个时候，山姆·沃尔顿早已脱离了巴特勒兄弟公司的"本本"经
营方式，在销售中融入了自己的新思路和新概念。看到那些充满购
物激情的太太和小姐们纷纷涌进店来，弯腰扑在那些装货的桶上时，
山姆·沃尔顿的心情无法用语言来表达。

创建"沃尔玛廉价商店"

　　1952 年，消息灵
通的山姆·沃尔顿又得

WALMART

到了一个消息，在费耶特维尔的克罗格公司准备放弃一家濒临倒闭
的杂货店，它位于小镇的广场旁边，面积大约是 18 英尺长，15 英
尺宽。由于价格适中，地理位置还不错，山姆·沃尔顿很快就买下
了它的租赁权。这个又小又旧的商店不属于本·富兰克林特许经营
店，这意味着沃尔顿家族在真正意义上拥有了自己的店面。所以，
山姆·沃尔顿可以名正言顺地叫它"沃尔玛廉价商店"了。

　　自从第一家沃尔玛廉价商店开业之后，山姆·沃尔顿就明确指
出：沃尔玛公司不能像本·富兰克林特许经营店那样，仅仅是低价
销售某些商品，而是要实行真正的廉价销售。当他们周围的其他连
锁商店还没有搞廉价销售时，他就很快打出了广告，宣称以较低价

格出售商品，并且保证能够说到做到。秉承这一原则，无论沃尔玛商店销售什么商品，都会以最低价格销售给客户。举个例子，如果一件新商品刚刚上市，其他各家商店都以 25 美分出售，那么沃尔玛商店的标价一定会比其他的商店便宜至少 4 美分。

山姆·沃尔顿买下这家小店后不久，就听到小镇上有人说：这个自不量力的外来户，要不了多久就会灰溜溜地走人。这些话不但没有激怒山姆·沃尔顿，反而激起了他渴望胜利的竞争心。于是山姆·沃尔顿开始凭借这家宽 15 英尺的小店，面对广场周围的竞争对手——伍尔沃思商店和斯科特商店。并很快凭借丰富的从商经验，制定了新颖的经营方式——自助销售，成功吸引了顾客，让这家原本落后的小店走在了时代的前沿。生意的好转，让身为老板的山姆·沃尔顿开始为新店物色出色的管理者，他把眼光投向了其他商店中现有的、出色的人才，并最终看好了在塔尔萨管理一家廉价商店的普通雇员威拉德·沃克。很快，威拉德·沃克成为沃尔顿家族创业初期第一个真正被雇佣的员工，也是沃尔玛企业的第一位经理。

开张后的第一年，山姆·沃尔顿就取得了丰厚的利润。在创业的过程中，山姆·沃尔顿始终相信沃尔玛公司会成功，这是因为，他拥有适应发展潮流的创业秘诀。他相信很多机会是自己制造出来的，因为渴望得到某种收获，从而产生动力，被迫学习和实践一些新事物，并能够把所学的知识有效运用到生活中，这是成功的关键。

兄弟联手经营"拉斯金高地"

　　山姆·沃尔顿奔走于堪萨斯城和田纳西州之间，交换的不仅仅是货物和金钱，还有一些珍贵的商业信息。某一段时间里，他连续听到一个亦真亦假的消息——堪萨斯城即将兴建一个巨大的居民小区，名叫"拉斯金高地"。设计师规划图显示，小区中央是一个面积约 10 万平方英尺的购物中心，为小区居民提供商品丰富的生活购物场所。购物中心在当时的美国还是一个全新的概念，很多小本经营的业主都在观望，没有魄力马上出手。对于勇于尝试、不怕犯错的山姆·沃尔顿来说，这是一个从天上掉下来的好机会。他急忙打电话给本·富兰克林在堪萨斯城的总部，并很快获悉了一个好消息，在这个新兴的居民小区购物中心将有一家大西洋太平洋公司的商店和一家本·富兰克林商店开业。事不宜迟，讲究效率的山姆·沃尔顿马上在脑海中筛选可以合作的、值得信赖的合作伙伴。这一次，他首先想到了自己的兄弟巴德。何不让巴德尝试一下呢？于是，他赶紧打电话给巴德，让他开车到堪萨斯城的"拉斯金高地"会面。

　　当兄弟巴德的身影出现在他的视线中时，山姆·沃尔顿赶忙迎上前去，他微笑着拍了拍巴德的肩膀。由于忙着各自的事情，沃尔顿兄弟俩已经有很长时间没见面了。他们走进一家小咖啡馆，刚刚坐定，山姆·沃尔顿便急迫地将自己的设想细致地讲述了一遍，巴德则静静地聆听，一声不响。

说到最后，山姆·沃尔顿郑重其事地问道："巴德，对于我们来说，抢夺'拉斯金高地'的本·富兰克林经营权是一场赌博，因为我们从未涉足过城市，更不知道购物中心是什么。但是我相信我们有能力把这家本·富兰克林商店经营好，我的预感告诉我，这是一个千载难逢的好机会。现在，你仔细考虑一下，是否愿意对此下赌注并加入进去？"

巴德几乎没有犹豫，他语气轻快而坚定地说："我觉得，但试无妨。"

短暂的交流结束了，兄弟二人开始为了夺取"拉斯金高地"作准备，他们甩开手脚干了起来。先是筹措到足够的钱，然后一人一半，对那家购物中心的本·富兰克林商店投资。他们在这次"抢夺战"当中毫无悬念地夺取了胜利。

此后，事实证明这个决定是正确的，他们让沃尔顿家族突破了另一个经营过程中的瓶颈。

　　经营杂货店的早期，在同行业竞争对手之间似乎存在某种约定。每家连锁商店或多或少只控制它自己所在州的生意；每家公司都有属于各自管辖范围的地区，各个州也几乎被当地实力最强的连锁商店控制了。这些连锁商店以"做牢""做透"当地的生意为基础，从而得到更稳、更快的发展。由于这种不成文的规定被业主们认可，所以最后竟然变成了开诚布公的规定，如果一家连锁店的生意好过当地实力比较强的那家，那么他一定会得到这样的忠告："伙计，你最好不要跨越我的边界做生意，我也不会侵犯你的地盘。"

　　沃尔顿兄弟俩所经营的本·富兰克林特许经营店则更加适合在这种条件下生存。还没有太强抵抗能力的小杂货店让山姆·沃尔顿不得不面对这样的发展问题。在和巴德联手抢夺"拉斯金高地"之前，他还没有解决这个问题的头绪。此后，他却勇敢地打破了这种行业潜规则的格局，边界对他们来说已经毫无意义，他们会在一天之内毫无顾忌地在四个州开设沃尔玛商店。当然，这都是联手夺取"拉斯金高地"之后的事情了。

　　也正是"拉斯金高地"让山姆·沃尔顿打消了所有顾虑，其中包括对杂货业发展潜力的质疑。"拉斯金高地"的生意异常红火，除了另一家大型商品公司之外，其他的商店很小，相比之下信誉度也没有本·富兰克林高，所以，足够的客流量让货品供不应求，他们的事业红火极了。第一年他们的销售额就达到了 25 万美元，纯利润是 3 万美元；第二年不到半年的时间，销售额就上升到了 35 万美元。在购物中心的顺利发展，使兄弟俩对任何事都充满了信心和激情。他们相信，"拉斯金高地"只是未来更多事业发展的前奏。

失败面前的山姆

野心勃勃的山姆·沃尔顿在"拉斯金高地"的成功之后决定在阿肯色州创办和发展一家属于沃尔玛商店的购物中心。

他先看重了阿肯色州的首府——小石城。可是当他满腔热情地赶往那里，开始寻找开办购物中心的理想地段时，却碰到了一些麻烦：他刚刚看好一块地皮，还没来得及和土地所有者洽谈，就被斯特林商店捷足先登了，斯特林商店在那里建设了该城的第一个购物中心。山姆·沃尔顿在错过这次机会的两年里四处活动，始终没有放弃，向商人们兜售在阿肯色州建立购物中心的想法，但或许是因为人们的思想过于保守，山姆·沃尔顿的这一想法提出过早，他迟迟得不到回应。

功夫不负有心人，经过长期的考察，山姆·沃尔顿终于在阿肯色州发现了一块不错的地皮，但是因为这块地皮的周围没有一条平坦的道路，他们需要在建设购物中心之前，投入一些额外的资金，为顾客把路铺好。山姆·沃尔顿得到地产租赁权之后，便劝说罗格公司和伍尔沃思公司签订了租赁合同，并开始筹集铺设道路用的款子，这远远比经营两家杂货店费心多了。由于各方面的原因，山姆·沃尔顿不得不考虑取消这项交易。当山姆·沃尔顿终止那片土地的租赁权之后，一个名叫杰克·斯蒂芬斯的颇有名望的年轻人继续在那里进行开发，他比山姆·沃尔顿有钱，并最终成功地建出了一个购物中心。

这次失败让山姆·沃尔顿损失了 2.5 万美元，对于一直不会浪费每一美分的沃尔顿家族来说，这笔损失是巨大的。山姆·沃尔顿年老之后，依然清晰地记得它，并时时告诉自己，这是他商业生涯中所犯的最大的错误。

山姆·沃尔顿知道，任何事情都是有得必有失，没有绝对的成功，更不会有绝对的失败。所以，他从来都不怕犯错误，并在出现错误后积极改正。山姆还评价自己：在许多基本价值观念方面，如教会、家庭、社区事务及政治上，他都属于相当保守的人，但在市场上、在事业上，他却相当激进，像初生牛犊，喜欢胡闯乱碰，对权威人物嗤之以鼻，总想在业内领先、创新和超越，并且为此不惜冒险、失败和推倒重来。这些正是使他成功的企业家精神的精髓。

公司的继任总裁大卫·格拉斯这样评价他："我认为山姆与别人

最大的不同之处有两点：一是他每天都总是充满精力和决心在做事情；二是他比别人更不怕犯错误，犯错之后总是勇于面对，力求改正。"作为一个企业家，山姆有难能可贵的敢于尝试、不怕碰钉子、不怕打破常规的精神。

第三章 不断发展壮大的沃尔玛

到了20世纪60年代末期，沃尔玛公司的成长速度非常快，业务有了明显的发展。同时，山姆·沃尔顿也有了自己的零售信念：以专业化的管理队伍为核心，以能支持公司持续发展的分销系统为基础，沃尔玛一定会做得更大更强。

沃尔玛折扣店的诞生

20 世纪 50 年代，折扣百货店连锁业诞生于美国，但至 50 年代末，虽全国已有上千家店，真正经营得好的却没几家，大多数商店开业不久就销声匿迹了。

60 年代初，以 1962 年为转折点，折扣百货业进入快速成长期。该年，原杂货连锁业的两大"巨人"——克瑞格公司和伍尔沃思公司都开始进入折扣百货业。当时，前者在美国中西部和东部已有 800 多家分店，总销售额约 4．5 亿美元；后者则有 2 500 家分店，总销售额更高达 10 亿美元。但它们也都面临类似的问题：单个小杂货店的营业面积太小；成本上升；快速发展且单店规模不断扩大的超市连锁和药店连锁的竞争等。转向单店规模大得多的折扣百货店是解决办法之一。

1962 年，山姆·沃尔顿凭借从纽波特到当时为止所积累下来的实践工作经验，开始运作沃尔顿家族的第一家折扣店。这是一个例子，也是一次试验。当时，没有人能够想象得到，这个试验的过程经历了20年的酝酿才取得最终的成功。

1962年春天，山姆·沃尔顿、巴德以及沃尔玛廉价商店的首任经理三人一起飞往史密斯堡。当飞机掠过波士顿山脉的上空，山姆·沃尔顿忽然从他的口袋中掏出一张卡片，上面写了三四个名字。他把卡片递给商店经理说："你最喜欢哪一个名字？选一个吧。"确定之后，他又把卡片递给了巴德。最后，三人一致确定把沃尔玛作为购物场所的名字。

山姆·沃尔顿在卡片背面补上了"Ｗ－Ａ－Ｌ－Ｍ－Ａ－Ｒ－Ｔ"这7个字母，并且说："这个名称不会花费太多钱。我购置过本·富兰克林特许经营店的霓虹灯字母，知道制作这些霓虹灯字母，点亮以及维修霓虹灯要花多少钱，这个名字只有7个字母。"谁能想到，山姆·沃尔顿当初为商店取这个名字只是为了省钱，而它在几十年之后，居然成了家喻户晓的名字。

几天之后，沃尔玛廉价商店开始安装货架。在"Ｗ－Ａ－Ｌ－Ｍ－Ａ－Ｒ－Ｔ"招牌两边分别写着沃尔顿家族企业经营思想的基础哲学"低价销售"和"保证满意"。正是这两个听上去简单而朴素的信条，指导着沃尔玛公司日后的发展。

罗杰斯镇的第一家沃尔玛折扣商店虽然与当时赫赫有名的凯玛

特、伍尔沃思商店相比并不是很大，但是与以往的杂货店相比，它的确算得上是大型商店了。另外，这家店的营业额在第一年也达到100万美元，比他们所经营的另外十几家杂货店要多得多。然而，一心想干一番大事业的山姆·沃尔顿对此并不满足。

谈起沃尔玛的管理，山姆·沃尔顿最信赖的人大卫·格拉斯说："如果你花费时间和山姆谈论沃尔玛公司成功的方法，他总是说'这是整个事情的关键'，或者'那是我们真正的秘诀'。他和其他人一样，知道成功并没有一说就灵的、永远正确的秘诀。有许多不同的因素使企业得以顺利运转，要他把这些称之为'关键'或'秘诀'的东西讲一讲，恐怕得花上一整天的时间。而他在几十年的岁月中，始终灵活把握所有这些关键，这才是他真正的秘密。"

自信成就了与众不同的山姆

山姆·沃尔顿在罗杰斯镇小心翼翼地经营了两年之久，就像他们刚刚涉足零售业初期的时候一样安分守己、埋头苦干。他们在这最初的两年把沃尔玛商店开到了斯普林代尔和哈里森。从那之后越来越多的人知道了沃尔玛。

新店开张后，山姆每天都在寻找创意和新产品，以创造营业佳

绩。有一阵子呼拉圈十分
畅销，各大百货公司都想
办法进了货，而山姆却找
不到进货门路。正在他懊
恼之际，一家小店的店主
打电话告诉他自己认识一

个制造水管的厂商，该厂生产与呼拉圈相同规格的水管，问山姆有
无兴趣合作。虽说呼拉圈的制作材料是塑胶，但看到它那么受欢迎，
山姆还是同意了合作。接着他们就在阁楼上制作自己的呼拉圈，再
分给两家店出售。不久，阿肯色州西北部的小孩就几乎人手一个呼
拉圈了。

山姆在自传中曾谦虚地说：其实我做的每一件事情几乎都是从
别处学来的。事实也许确实如此，零售业毕竟不是什么高新技术行
业，但难能可贵的是山姆不断地探求、观察、思考，一旦发现有价
值的东西，马上采取行动实施。

无论创业初期的情况有多么糟糕和狼狈，山姆·沃尔顿的自信
心都不会因为别人的态度而受到影响，他一直感觉良好。沃尔顿家
族开设了第一批三家商店并经营成功之后，山姆·沃尔顿的这种自
信更是达到了顶点，他坚定地认为，沃尔玛商店一开始就取得了成
功，这说明它具有巨大潜力。为了让沃尔玛商店滚动发展，也为了

比竞争对手更早一步贯彻实施"小镇战略"，沃尔顿家族在尝试了最初的成功滋味之后，便马上行动起来，他们要让沃尔玛商店在阿肯色州如同滚雪球一样地发展。

山姆购买飞机的事情更显示了他的与众不同。一天，他的弟弟巴德突然接到山姆一个电话，他说他想买架飞机，请巴德帮助参谋一下，因为巴德二战时在太平洋战区当过飞行员。巴德并不支持山姆的这个主意，他知道山姆是个糟糕的汽车驾驶员，他们的父亲甚至不愿搭山姆开的车，如果上天开飞机，岂不更要把人吓死。可巴德的劝说根本不起作用，山姆需要飞机来提高他在各分店之间穿梭旅行的效率。不久山姆就在俄克拉荷马城以 1850 美元买下了一架二手的"空中跑车"——双人座机。

这架所谓的飞机，引擎是洗衣机用的马达，螺旋桨时转时停，用巴德的话来说，怎么看都不像是架飞机。巴德这位老飞行员整整两年时间都不敢靠近它，不擅开车的山姆却驾着它飞来飞去。两年后巴德第一次搭乘山姆开的这架飞机，几乎吓了个半死。结果每次只要山姆一上飞机，店里的人就开始为他担心，但他倒次次顺利，且由此开始了沃尔玛连锁店的飞行时代。后来沃尔玛公司还买过好多架飞机，包括喷气式飞机，但全是便宜的二手货。山姆和他的高级经理们驾着这些飞机穿梭于他们众多的分店之间，提高了工作效率。

沃尔玛的强大对手

1962 年，山姆·
沃尔顿开始创建真正属
于整个家族的连锁商

店，而当时也是廉价销售行业刚刚起步的时候。沃尔玛商店并不是
第一家廉价商店，早已有很多比山姆更有实力和眼界的商人看准商
机，大笔投入资金进行扩张经营了。这些人出手阔绰，习惯利用投
入大量资金的方法进行促销，他们往往开着卡迪拉克豪华轿车到处
招摇，其中也包括那位年轻的商人——赫布·吉布森先生。尽管他
们看上去更加阔气，更加像是大亨级别的人物，但是山姆·沃尔顿
认为他们中间的很多人都不能称之为精明的经营者。

1962 年是廉价销售业大发展的一年。有四家大公司开设了廉价
销售连锁商店。

克雷斯吉公司是有 800 个店铺的杂货连锁店，它在密歇根州的
加登城开了一家廉价商店，称之为凯马特商店；伍尔沃思公司是廉
价零售业的老祖宗，它开设了伍尔科连锁商店；从明尼阿波利斯发
展起来的戴顿—赫德森公司，开设了它的第一家塔吉特商店；最后

一家公司是一个独立经营商，在阿肯色州的罗杰斯镇中心开设了一家名为沃尔玛的商店。

与最大的廉价商店凯马特相比，沃尔玛家族的确需要加倍努力。在五年时间里，克雷斯吉公司有了 250 家凯马特分店，而沃尔玛只有 19 家分店；凯马特商店的年销售总额为 8 亿多美元，而沃尔玛的销售总额只有 900 万美元。

不过，有句话说得好，叫做"三十年河东，三十年河西"，没有人知道谁会笑到最后。在后来的三十年里，那些早期开设的廉价商店大多数都倒闭关门了，四家新的连锁商店中的三家成了全国同行业中最大、最好的商店，被淘汰掉的商店是伍尔科，而其中发展得最大、最强、赢利最多的是位于阿肯色州的沃尔玛商店。

沃尔玛经营中的制胜法宝

沃尔玛的成功，很大程度上归功于它的低价策略。

沃尔玛起步于美国中部偏远小镇，在这里，无论从顾客还是商品供应方面来说都无法与大城市相比。作为独立的零售商，山姆必须找到切合小镇实际的发展战略，那就是低成本、低售价、高数量销售。于是，山姆在开设正式的廉价商店之前的很长一段时期里一直坚持折扣销售。山姆常对员工说："要记住，你是在为顾客着想，你的减价行为并不是在诱骗他们花更多的钱，而是要让他们的的确确感受到你是在低价经营。"

沃尔玛与其他折扣店的与众不同之处是：想尽一切办法在进货渠道、分销方式、营销费用以及行政开支等各个环节节省资金以降低成本，再把这种节约平均到每件商品中，体现在商品的价格上，保证沃尔玛的商品价格最低，而不是只追求高利润。山姆一直强调，要重视每一美分的价值，因为沃尔玛的服务宗旨之一就是帮每一位进店购物的顾客省钱。每多省下一美分，就多赢得顾客一份信任。因此，山姆要求每一个采购人员在采购货物时态度要坚决。他告诫说："你们不是在为商店讨价还价，而是在为顾客讨价还价，我们应该为顾客争取最低的价钱。"另外，山姆在采购货物时，会先与厂家谈判讨论价格，一旦达成交易，总部便通知厂商，把货品直接发送到沃尔玛配送中心，再由沃尔玛公司的发货中心和强大的运输车队及时保质保量地送货至各家商店。

沃尔玛为了在商品销售成本上充分体现规模效益，往往采取仓储式经营来提高效率。山姆要求店内要尽量利用所有的货架空间，储存和陈列商品。价格也不是标在每件商品上，而是统一标在货架上，这样简单醒目，便于统计。

早在山姆开始经营本·富兰克林特许经营店时，山姆就设法绕过加盟连锁店时的承诺：必须有 80% 货物从总店采购，并支付佣金。他总是设法自己开着车到田纳西州寻找各种便宜的货源，千方百计地直接从制造商处进货。在折扣百货业初期，零售业的供货来源全由中间商提供，为此零售店要损失 5% 作为中间商的佣金，这样导致一些折扣百货店商品的价格比传统百货公司的还贵。而山姆认为，只有那些真正有助于提高本公司采购效率，或降低采购成本的中间商，才能得到合理的佣金，否则最好是绕过中间商，直接向制造商采购。山姆说到做到，20 世纪 80 年代沃尔玛扩张期，山姆力求从交易中排除制造商的销售代理，直接向制造商订货，同时将采购价降低 2%－6%，如果制造商不同意，沃尔玛就中止与其做生意。

沃尔玛很少做广告，即使做广告也投入不多，从而节省了大量的广告费。沃尔玛公司业务营销副总裁保罗·海曼说，沃尔玛公司在广告上的经费的确有限，但沃尔玛的目标就是尽可能压低广告费用，广告费越低，就越能用低价商品回报顾客，使他们一而再、再而三地回头购买。而他也承认，广告是主要的宣传策略，是与未来和潜在的消费者的沟通方式之一，因此不可能是全不用，只是规模、程度不同罢了。

为了不必因"广告"商品过多而损失利润，同时又保持其广告作用，沃尔玛商店想出一个很巧妙的方法。那就是周期性地轮换"广告"商品：每一个时期内只选取其中的一两种商品大幅让利，并将其摆放在显要的位置上，大肆宣传。这样做的结果是某一时期因为人们会尽量在一种商品降价最低时去购买它，使这种商品成为真正的核心。例如：有一回，沃尔玛决定将防冻剂和牙膏作为该季的主导商品。所以，他们进了两三卡车的普莱斯通防冻剂和克里斯特牙膏，然后以每加仑防冻剂1美元而每支牙膏27美分的特惠价出售。这样的结果是，顾客从四面八方赶来，而且人数如此之多，以至于最后不得不出动消防队上门来维持秩序。消防队要求沃尔玛每次先把门打开五分钟，让顾客进去之后再关上门，等一批顾客买完东西之后再开门放进下一批顾客。

因此，由于有低价销售的吸引，沃尔玛公司就用不着花太多的时间去制定各式各样的促销计划，也不用做太多的宣传广告。沃尔玛在零售业同行中，广告花费最少而销售额却最大，其真正的原因，还在于它的价格是最低的，同时服务也是最好的。

沃尔玛公司上市了

山姆·沃尔顿对债务一直感到忐忑不安，但作为一个商人，他不得不面对经常向银行贷款的局面，久而久之，山姆·沃尔顿早已精于此道了。有一段时间，他经常到访的地方便是银行，主要是为了开新店或添置设备而贷款。

后来，山姆·沃尔顿用 30 万美元的价格买下了本顿维尔市的一家小银行，该行仅有大约 350 万美元的存款。为

此，他学到了许多关于融资方面的知识，同时也结交了不少银行界的新朋友，并开始更多地研究银行家以及他们做生意的方式。他同银行家们交朋友的好处之一就是可以更加方便地贷款。

处理债务需要沃尔玛上市

随着生意越做越大，山姆贷款的金额也越来越高，有时候甚至是几百万美元。与此同时，山姆·沃尔顿也试图从商店经理和亲戚那里吸收投资。依靠这样的方法，1970 年的时候，沃尔玛公司已经吸纳了 78 名合作者投资。从某种意义上而言，当时的沃尔玛公司已经不像是一家公司了，更像是一家由 32 家商店组成的大型共有企业。不过，沃尔顿家族在其中的每个商店都拥有绝对多数的份额。为此，山姆·沃尔顿已经背负了很多债务，数目高达数百万美元。或许是因为山姆·沃尔顿经历过美国大萧条，他对整个公司始终存有忧患意识，尽管负债尚未超过沃尔顿家族企业的资产，但是谁也不愿品尝债务压顶的滋味。山姆·沃尔顿时常处于假想状态：万一

发生意外，投资人就会设法抽走他们的资金，那么沃尔玛公司就完蛋了。

为了更好地处理债务问题，山姆·沃尔顿产生了关于公司发行股票的想法。

扩大规模催生了沃尔玛公司股票上市

他从阿贝·马克斯及其他一些零售商协会的同行们那里征求过意见，但却按兵不动，似乎在等待一个最佳时机的出现。此后，通过对上市公司的股票市场进行调查和了解，山姆·沃尔顿认识了一个名叫迈克·史密斯的人。很快他就发现，自己与此人颇有渊源，当初山姆·沃尔顿和巴德在小石城开发购物中心失败后，接手并取得成功的人正是迈克·史密斯。此时，他正在小石城为威特和杰克·史蒂芬斯工作，曾经做过一次股票上市的操作。山姆·沃尔顿之所以准备找他，不但是因为他有这方面的经验，还因为他和自己一样，是一个野心勃勃的人。

1969 年秋天，迈克·史密斯接到了山姆·沃尔顿的邀请电话，便驱车来到本顿维尔。从小石城到本顿维尔的一路上，每经过一家沃尔玛商店，他都停下来看一看，以便尽量多地了解沃尔玛公司的经营情况。那时候，沃尔玛公司标准的办公地点还没有筹建完毕，员工还待在广场的理发店和律师事务所里办公。迈克·史密斯刚到办公室，便被热情的山姆·沃尔顿请上了飞机，到俄克拉荷马和密苏里的各家分店去参观。通过谈话，他了解到山姆·沃尔顿渴望了解股票上市的详细情况，因为沃尔顿家族的负债几乎已经饱和了，他需要借此缓和一下。对此，迈克·史密斯提出了很多独到的见解。通过此次谈话，山姆·沃尔顿心中埋下了日后沃尔玛公司股票上市的种子。

繁忙之余，山姆·沃尔顿也不忘和兄弟巴德到俄克拉荷马的罗伯逊牧场打鹌鹑，在打猎时，兄弟二人都在谈论如何抉择——他们一方面希望扩大生意规模，一方面却心知肚明已经无法创造足够的利润了。如何才能既可以扩大生意规模，又可以还债呢？由于资金短缺，沃尔玛公司不得不放弃计划投资的 5 个地方。这种情况迫切地催生了沃尔玛公司股票上市的念头。所以，在打猎回家的路上，山姆和巴德一致同意股票上市。这对沃尔玛公司来说又是关键性的一步。但是，他们也很担心股票上市后会对公司失去控制的能力和权力。

保险公司的苛刻条件

与此同时，山姆·沃尔顿的长子罗布森已于 1968 年从哥伦比亚大学法律学院毕业，到塔尔萨最大的一家法律事务所工作。沃尔玛家族成了他执业后的第一个客户。作为家族企业的律师，他所做的第一件事就是详细了解沃尔玛公司与各个分店的合作伙伴之间的协议，并研究沃尔玛公司所有现有的选择是否正确。此时，山姆·沃尔顿对于股票是否能够顺利上市仍然心存顾虑，同时，未能按期还债的沃尔玛公司，受到一些债主的施压。山姆·沃尔顿只好马上飞到达拉斯，试图向达拉斯共和国民银行再借一些钱。然而银行的官员对山姆·沃尔顿尚未结清的债务紧张起来，当场拒绝了他的要求，至此两者之间结束了长久以来的合作与交往。在达拉斯碰钉子之后，山姆·沃尔顿又去了新奥尔良第一商业银行，期望可以从他们那里获得帮助。幸运的是，第一商业银行借给了山姆·沃尔顿150万美元的贷款。这笔钱虽然能帮助沃尔玛公司摆脱暂时的困境，但并不能解决长远的问题。

山姆·沃尔顿赶回公司之后，罗布森便建议他重新整理债务，把分散的贷款合并成一笔大的贷款。有人告诉山姆·沃尔顿，保德信保险公司向许多零售商贷款，建议他飞到纽约与该公司的官员会谈。由于当时急需用钱，山姆·沃尔顿又马不停蹄地赶到了保德信保险公司，在去往保德信保险公司的飞机上，山姆·沃尔顿认真核算了预计所需的金额，以保证他们一定会贷给他预算的数额。同时，为了确保可以取得贷款，山姆·沃尔顿向保险公司的官员阐述了沃尔玛公司的五年计划——包括销售额、利润、分店的数量以及公司的发展策略，指出一些既无竞争，又大有商业潜力，正有待沃尔玛家族去开发的小镇的存在。

然而，保德信保险公司并不吃这一套，他们不敢冒这么大的风险参与沃尔玛公司的"赌博"。离开了保德信保险公司，山姆·沃尔顿顺道拜访了一家名叫大众互利的保险公司，之前他与这个公司也有过生意上的往来。没想到，正是这个偶然之举让沃尔玛公司柳暗花明了，大众互利保险公司答应借给山姆·沃尔顿100万美元。作为回报，山姆·沃尔顿不得不接受了他们极为苛刻的条件：不但利息照付，而且当股票上市时，对方有对各种股票的认购权。面对这种乘人之危的做法，沃尔玛公司别无选择，因为他们实在需要资金。事实上，大众互利的确在这件事情上捡了一个大便宜，当沃尔玛公司的股票上市后，他们从中获益达上千万美元之多。

顺利进行的上市筹备工作

山姆·沃尔顿决心让沃尔玛公司股票上市的同时，他故意放风说，自己对小石城证券公司不感兴趣，而是希望将股票上市事宜委托给一个华尔街的大承销商。此举只是为了让迈克·史密斯和杰克·史蒂芬斯知道自己有意让股票上市，希望他们能够相互竞争，以增加沃尔玛公司股票上市的最大利益。然而，这种做法和这一消息使迈克和杰克都颇感不悦。山姆·沃尔顿却并未理会太多，他早已跑到纽约去寻找适合的承销商了。

尽管迈克·史密斯一再表示他愿意承揽股票发行的事宜，但山姆·沃尔顿总是犹豫不决。当时，山姆·沃尔顿只是想找一家更专业、更适合与沃尔顿家族合作的股票上市操作公司或人员。此后的某一天，山姆·沃尔顿决定利用到纽约采购的时机，去华尔街上听取一下意见。在那里，他听说怀特·韦尔德公司曾经替奥马哈一家叫帕米达的零售连锁店上市过股票，于是就顺路拜访了他们。

在对沃尔玛公司整体运营情况进行调查之后，巴克·雷梅尔终于答应承揽股票上市的事情了。

后来，山姆·沃尔顿仍然认为把股票上市的事情交给怀特·韦尔德公司去做是股票上市成功的关键，因为它是当时数一数二的投资银行，比其他任何一家公司或个人都更熟悉股票上市的事，山姆·沃尔顿对此深表感激。此外，山姆·沃尔顿也没有忘记他的老朋友——史蒂芬斯公司，他找到迈克，告诉他希望史蒂芬斯公司也能承销一部分股票。于是，史蒂芬斯公司承销了股票中的1/3，而怀特公司承销了2/3。后来，在另一次承销中，史蒂芬斯公司与怀特·韦尔德公司各分了50%的生意。罗布森开始着手将公司原来的所有合伙人全纳入公司的名下，然后剩下的20%股份公开上市。所有的股份当中，沃尔顿家族大约拥有75%的股权，其中巴德占15%左右，山姆·沃尔顿和海伦的另一些亲戚拥有一小部分，经理人们也都各占了一些股份。这些早期的经理们都从银行借钱去购买过股票。威拉德是搞钱方面的"行家"，他结交了一些开银行的朋友，所以贷款相当容易，因而他的回报同样可观，他拥有比其他经理更多的股份。

　　山姆·沃尔顿有一张详细的表格，上面记着所有分店小额股东的名单。然而，根据什么标准来计算出这些股东们最初投入的价值成了一个大问题。更早些的时候，山姆·沃尔顿基本上是根据账面金额，而没有对每家分店作任何相关的评估。这一令人头痛的问题最后却迎刃而解了，因为股东们并没有产生太多异议，都很爽快地在契约上签了名。现在，每个人都很高兴当初的明智决定。

股票终于上市了

　　1970 年 10 月 1 日，沃尔玛公司的股票正式上市。沃尔顿家族在上市说明书上记载发行 30 万股，每股 15 美元，溢价发行每股 16.5 美元。股票发行之后购买的人并不太多，只有 800 位买者，其中大多数是投资机构或者是与沃尔玛公司及其内部人员熟悉的人。尽管如此，市场反应依然良好。

　　股票上市之后，沃尔顿家族的所有债务均已偿清，山姆·沃尔顿顿觉无限欣慰。从那天起，沃尔顿家族虽然只拥有 61% 的沃尔玛公司股份，但却再也不必向银行借钱来维持沃尔玛公司的运转了。公司的自主发展已经能够应付资金问题。公开发行股票所带来的影响除了引人注目之外，就是公司本身的发展速度减慢了许多，但是山姆·沃尔顿却不再为债失眠，他心口的一块大石头终于落了地。

　　此后，沃尔玛公司又公开发行过一次股票，目的是为了增资及扩大流通的范围，使沃尔玛公司的股票能在纽约股票交易所进行交易。但在这次增资发行中，沃尔顿家族只卖出了一小部分股票。促成这一结果的人正是山姆·沃尔顿，他认为出售家族股票会造成家族的分裂，因为他们手中的那些股票是沃尔顿家族财富的主要来源。

当时，也有很多人劝说山姆·沃尔顿：商场上竞争太过劳神，与其继续劳神下去，倒不如坐收股利、安享天年。况且，作为沃尔玛公司创始人的山姆·沃尔顿总有一天要退休，不再过问公司的事，干脆趁现在把股权卖给那些荷兰投资人，卖给凯马特，或者联盟商店等其他公司。

听到这样的话，山姆·沃尔顿总是习惯地微笑。他天生乐于做生意，乐于看到事业的发展，看到自己和合作伙伴们取得卓越成就，也相信终有一天沃尔顿家族会带着这份事业走向辉煌。因此，他不会停止工作。

沃尔玛股票上市的事情，具体体现了它所创造的财富，这本身就是一个精彩的故事。早在十几年前，沃尔玛公司的市场价值大约是1.35亿美元，而其现在的价值已超过了500亿美元。简而言之，假如在原始发行中你买了100股，共花了1 650美元，再经过这些年来的九次一股配一股，现在你就拥有5.12万股。目前沃尔玛公司股票每股的市价大约是60美元，所以，这些股票总价值大约是300万美元。

员工分享利润

在沃尔玛的术语中，公司员工被称为合伙人（Associate），这一术语始用于 1973 年。山姆认为，顾客、员工和股东都是公司的上帝。公司发展要靠员工团结一致的献身工作，公司要照顾好它的员工，让他们感到像是在一个大家庭里，自己是公司的重要一员。1971 年，沃尔玛开始实施一项所有员工都参与的利润分享计划。

所谓利润分享计划，顾名思义，就是一项所有员工都参与利润分享的计划。这是山姆自己最引以为豪的举动，也是沃尔玛公司继续前进的诱因。山姆是这样思考利润分享计划的：利润率的高低不仅与工资数有关，也与利润有关。而如何提高利润呢？有一个简单的道理，那就是，你与员工共享利润——以工资、奖金、红利或股票折让的方式。因此，员工们会以管理层对待他们的方式来对待顾客，而如果员工们能够善待顾客，顾客们就会乐意来这家商店。顾客越多，利润越多，而这正是该行业利润的真正源泉。仅靠把新顾客拉进商店，做一笔生意算一笔，或不惜工本大做广告是达不到这种效果的。因此，在沃尔玛的发展中，顾客称心满意继而反复光临，才是这个公司惊人的利润率的关键。而那些顾客之所以对沃尔玛忠诚，是因为沃尔玛的员工比其他商店的售货员对他们好。

山姆在自传中对自己没有很快想到这个问题而感到懊悔不已，他回忆到："很长的一段时间内我并没有意识到这个问题。事实上，我整个事业中最大的缺憾就是，当 1970 年我们的公司公开发行股票时，我们最初的利润分享计划只包括经理人员，而没有扩大到所有员工。由于我太担心自己的负债状况，也太急于让公司迅速扩展，因而忽视了这一点。"意识到这一点的山姆很快开始对利润分享计划进行全面实施，利润分享计划适用于公司所有高层人员和大部分员工，规定如下：一、凡加入公司一年以上，每年工作时数不低于 1 000 小时的所有员工都有权分享公司的一部分利润。二、公司根据利润情况和员工工资数的一定百分比提留。当员工离开公司或退休时，可以提取这些提留，提取方式可选择现金，也可选择公司股票。公司每年提留的金额大约是工薪总额的 6% 。利润分享计划的管理者包括员工委员会，它每年都选择沃尔玛公司股票为该计划的主要投资对象，从而使该计划得到了令人难以置信的发展，也使许多员工个人账户的存款数额大增。

这个计划发展极快，在 1972 年，用于该计划的金额是 17.2 万美元，共 128 人获益。而 1991 年，公司为当年利润分享计划提留的资金已高达 1.25 亿美元。到 1992 年，涉及金额已达 18 亿美元。随着公司销售额和利润的增长，所有员工的红利也在增加。员工为公司发展努力，也因此获益。

此外，山姆还在公司内推行了财务合作规划等许多奖励和奖金计划，使公司80%以上的员工拥有沃尔玛公司股票，像合伙人那样参与公司业务。最早构成沃尔玛合伙关系的另一个重要内容是，与所有员工共同掌握公司的业务指标。这是让他们最大限度地干好其工作的唯一的途径——了解其业务进展情况。沃尔玛公司在全行业中最早实行了这个点子，而且把分享信息的做法又推进了一步。到1974年底，沃尔玛公司已建立了一个大规模的地区性折价商店联号，在8个州有近100家沃尔玛商店开张。他们的销售额近1．7亿美元，其中利润有600多万美元。股票被拆股了两次，并已在纽约证券交易所上市。现在，每个人都分享利润，整个公司的发展跃上了新台阶。

随着利润分享计划的成功，山姆又有了许多新的想法。例如，公司的福利计划，它包括员工的疾病信托基金、为员工子女而设的奖学金、减少商品短缺的节约奖等。以1990年为例，沃尔玛的各项福利计划，加上分店经理奖和补偿方案等，使公司除了工资和基本补助以外多支付了1亿美元。

他们还有一个"雇员购股计划"。这个计划让员工通过工资扣除的方式，以低于市值15%的价格购买股票。这项计划从1972年开始实施，属于职工福利，同时也是自愿的。由于公司股票的升值，这一计划使许多员工积累了大量财富。当然，那些管理人员，包括在公司长期工作的中层管理人员积累的财富更多，不少人都成了百万甚至千万富翁。这项计划有约80%的员工参与，因为通过考核，他们达到了资格。但由于还有大约20%的员工要么还不够资格，要么是进公司的时间尚不够长，从而不能参与利润分享，所以，沃尔玛还推行了许多其他的奖励和奖金计划，使每个员工都能像合伙人那样参与公司业务。其中最成功的奖金项目之一就是所谓的"损耗奖励计划"，它最好地体现了沃尔玛的合伙原则。

面对危机的沃尔玛

沃尔玛的快速发展，使得山姆·沃尔顿的个人财富也迅速增长。在56岁时，山姆还清了所有的债务，他的净资产额已远远超过他在零售业刚起步时所能想象的。

"周六夜的屠杀"

忙了近一辈子，山姆也确实渴望给自己留出更多的闲暇时间。他仍然是董事长兼总裁，却开始逐步减少参与日常决策，更多地依赖罗恩·迈耶和费罗尔德·阿伦——他的两位执行副总经理。费罗尔德负责商品经营，罗恩·迈耶管财务和分配。为了应对公司爆炸式的发展，总部还吸收了很多新人。罗恩招聘了不少人来担当数据处理、财务和分配的工作，精兵良将，运作极佳，似乎一切都没有问题。然而，危险恰恰出在山姆最信赖的人身上。

山姆开始意识到是自己当时把公司"分成"了两半，构成了彼此激烈竞争的派别。一个忠于费罗尔德的老一派，包括许多商店经理；而新一派中许多人的工作都是罗恩给予的。很快，每个人都表明立场，或者在罗恩一边，或者在费罗尔德一边，而这两人却水火不容。山姆下一步所做的——这看上去与他的个性不符——却使问题更加复杂了10倍。

费罗尔德确实在公司的组织方面作出了重大贡献，但由于沃尔玛所需的是技术和复杂的系统，当时，山姆感到罗恩对公司的未来是绝对关键的。罗恩有技术、有才干，而且他明确表示，他的目标是管理一家公司，最好是沃尔玛；若不能担当此职他将另择新枝。山姆对此颇费斟酌，他真的担心会失去罗恩，于是对自己说："我已经老了，而我们可以在一起合作。就让罗恩当董事长和总裁吧，我该退居二线轻松一下了。当然，我会继续视察商店的。"

就这样，山姆成了执行委员会主席，罗恩成了公司董事长兼总裁，费罗尔德成了总经理。罗恩取代了山姆的位置，他们对调了办公室。山姆决心不加干预，让罗恩独立经营公司。但问题是，山姆既希望看到自己的想法继续在全公司得到贯彻，又希望罗恩成功地管理好公司，建立良好的组织。这样行事事实上无法使山姆·沃尔顿摆脱对公司的干预。

同时，公司本身正在分裂成两大阵营。许多新来的年轻人站在罗恩一边，而老的商店经理则支持费罗尔德。山姆觉察到这种分歧日益严重，他感到焦虑，不得不更加留意每个人。

沃尔玛中心组织中出现了前所未有的松散现象，人们不愿看到的事情开始不断发生。经营商店和关心员工这一类头等大事被抛在一旁；大多数地区经理在星期六早晨聚到一起或互通电话。情况越来越糟，一些快要退休但却不想离开的老经理、老功臣与雄心勃勃的年轻人之间已由争执发展到了公开对立。

山姆很少因为公司的问题而夜不成寐，这次他却失眠了。他不想让罗恩失望，不想失去他。但公司的确误入歧途了。因此，在放弃董事长之位30个月之后，1976年6月的一个星期六，山姆终于把罗恩找来，对他说："罗恩，我以为我已经做好了撒手不管的准备，但看来其实还没有。我的确管得太多了，让你觉得碍手碍脚。"山姆告诉他自己打算重新担任董事长和总裁，让罗恩担任副董事长和财务总管。

山姆的建议令罗恩不快。他希望管理公司，当他无法实现这一愿望时他决定离去。虽然沃尔顿对已经发生的一切无法忽略不计，但他仍竭力说服罗恩留下。他说："罗恩，我们会想念你，我们需要你，我们认为你走了我们会损失很多。"

罗恩十分失望。他说："沃尔顿，我知道你会认为事情变得很糟糕，许多人也会有同感。但你拥有如此强大的组织，商店的员工和经理们、顾客们那么忠实于你，公司又有如此正确的经营思想作指导，我认为你会沿着正确的路走下去的。"山姆知道罗恩不是信口开河，他永远不会忘记这番话。

在公司的传闻中，该事件被称为"周六夜的屠杀"。随后发生的事则被称为"大出走"。罗恩辞职，沃尔玛公司的财务总管、数据处理经理、分销中心负责人这一队伍中的一群高级经理也都随之挂冠而去。可以想象人们对此有何感想，许多人立即得出结论：沃尔玛大势已去。

危难之际，山姆任命聪明、活跃的年轻天才之一——杰克·休梅克为经营、人事和商品部执行副总经理，越过了一些更年长和资格更老的人。这一下，更多的经理递交了辞呈。这股大规模的"离职风"结束时，沃尔玛高级管理层中走了1/3的人。山姆很久没有遇到如此糟糕的局面了。当时，他对是否能保持公司的状况也没有十分的把握。

有人指责山姆挑起他人之间的争斗，但他无暇顾及太多，只是考虑着如何尽快将挫折化为机会。罗恩离开后，他最想见的人就是在阿肯色州那次糟糕的沃尔玛分店开张典礼上遇到的戴维·格拉斯。他是一个风云人物，山姆相信他是最好的零售天才之一，并千方百计地说服他加入沃尔玛。

事实再次证明，人们的担心几乎是多余的，沃尔玛公司很快又恢复了以往的生机。戴维干得很出色，他的新队伍比原来的那支显得更有才干，对手头的工作更得心应手。

"凯马特公司"的攻击

一波未平一波又起。大约在 1976 年到 1977 年间，山姆得到确切信息：拥有 1 000 家商店的凯马特公司认为，沃尔玛公司只有 150 家商店，却过于自信了。他们突然对沃尔玛进行攻击，在沃尔玛销售最好的 4 个城市——密苏里州的杰斐逊城和波普勒布拉夫以及阿肯色州的费耶特维尔和罗杰斯开设了分店。当时，他们在整个美国都这样大肆扩张，所有的地区性折价商都为此忧心忡忡。1976 年，沃尔玛公司牵头在菲尼克斯召开了一个折价商贸易集团会议，会上许多人都在谈论如何避免与凯马特公司展开直接竞争。而山姆却态度鲜明地指出："与他们面对面对抗，只有竞争才会使我们成为更出色的公司。"

沃尔玛加紧准备应付各种竞争。他们将自己的人员聚拢起来，对如何作出反应设计了一个庞大的计划——一项促销计划、一项人员计划和一项零售计划，他们更加努力地取悦顾客。这么做的结果是极大激发了沃尔玛人的自信。

就在沃尔玛公司加紧反击的时候，在竞争前线发生了一件对它而言极其幸运的事：凯马特公司自己出现了问题。到 1976 年底，他们从破产的格兰特连锁商店手中买下了 200 多个店面，而且他们正为努力使之重新运转而忙得不可开交。不仅如此，他们当时似乎抱着一种回避任何变革的管理哲学，这在零售业这行已经行不通了。

山姆断定：对沃尔玛公司的担心已从凯马特的优先表中降了下来。美国 70 年代中期经济不景气，而零售商之间的剧烈竞争逐渐将企图轻易赚钱的那类商人赶出了这一行。山姆决定通过收购一些勉强维持的折价商店来加快扩张。

1977 年，巴德和戴维·格拉斯谈妥了一桩交易，购买伊利诺伊州的叫作莫尔的小型折价连锁店，他们的每家商店年销售额平均为 300 万至 500 万美元，这是个将立足点伸向一些新领域的好跳板。山姆关闭了其中 5 家商店，并将其余的 16 家改造成沃尔玛商店。两年后，即 1979 年，山姆已拥有约 200 家街面商店，销售额首次达到了 10 亿美元。

这时，另一个收购机会摆在山姆面前。南部一家相当大的经营商——库恩公司的大 K 连锁店显出摇摇欲坠之势。它是一个拥有 112 家商店的连锁系列，以田纳西州为中心，但仍然在肯塔基州、亚拉巴马州、佐治亚州和南卡罗来纳州开展了业务，而这些地区正是山姆关注良久，想在别人明白过来以前抢先进入的。

山姆果断地拍板收购。自此，沃尔玛公司开始迅速膨胀，每年几乎总要开设 100 家新店，有的年份甚至超过 150 家。1983 年以来，山姆又相继开办了 5 家俱乐部——实际是一些仓库型的大商场，瞄准一些小企业和其他进行大众购买的顾客。客户只需支付一笔会费，便可用批发价在俱乐部购买到一应俱全的日用百货。俱乐部的生意日益红火。

1984 年，山姆的 640 家沃尔玛商店每年总销售额达到 45 亿美元，赢利将近 2 亿美元。加上正在发展的俱乐部，他的整个事业像燎原的野火一样迅速蔓延。

第四章　沃尔顿的生活和工作故事

山姆·沃尔顿是沃尔玛的灵魂，他不但亲手创造了沃尔玛，而且在将近30年的岁月里，一直亲自领导它的日常业务，决定着它的发展方向，并以自己的风格、个性、理念深刻地影响着它，使沃尔玛不仅创造了"二战"后美国零售业的最大奇迹，而且成为美国零售巨型公司中最有个性的公司。

在山姆·沃尔顿的工作和生活中，又发生了哪些故事呢？

一面墙改变一个人的命运

沃尔顿收到了著名的耶鲁大学的录取通知书。但是因为家穷，他交不起学费，面临失学的危机。他决定趁假期去打工。

沃尔顿接到一笔为一栋大房子做油漆工的业务，尽管房子的主人迈克尔很挑剔，但给的报酬很高。沃尔顿很高兴地接受了这桩生意。在工作中，沃尔顿自然是一丝不苟，他认真和负责的态度让几次来查验的迈克尔感到满意。这天是即将完工的日子，沃尔顿为拆下来的一扇门板刷完最后一遍漆，把它支起来晾晒。做完这一切，沃尔顿长出了一口气，想出去歇息一下，不想却被脚下的砖头绊了个跟跄。这下子坏了，沃尔顿碰倒了支起来的门板，门板倒在刚粉刷好的墙壁上，墙上出现一道清晰的痕迹，还带着红色的漆印。沃尔顿立即用切刀把漆印切掉，又调了些涂料补上。可是，做好这些后，他怎么看怎么觉得补上去的涂料色调和原来的不一样，那新补的一块和周围的也不协调。怎么办？沃尔顿决定把那面墙再重新刷一遍。

大约用了半天时间，沃尔顿把那面墙刷完了。可是，第二天沃尔顿又沮丧地发现新刷的那面墙壁又显得色调不一致，而且越看越明显。沃尔顿叹了一口气，决定再去买些材料，将所有的墙重刷。尽管他知道这样做，他要比原来多花近一倍的本钱，他就赚不了多少钱了，可是沃尔顿还是决定要重新刷一遍。他心中想的是要对自己的工作负责。

他刚把所需要的材料买回来，迈克尔就来验工了。沃尔顿向他说了抱歉，并如实将事情和自己内心的想法说了出来。迈克尔听后，不仅没有生气，反而对沃尔顿竖起了大拇指。作为对沃尔顿工作负责态度的奖励，迈克尔愿意赞助他读完大学。最终，沃尔顿接受了帮助。后来，他不仅顺利读完大学，毕业后还娶了迈克尔的女儿为妻。现在提起世界上最大的沃尔玛零售公司无人不知，可是没有多少人知道，现在公司的董事长就是当年刷墙的穷小子。一面墙改变了沃尔顿的命运，更确切地说，是他对工作的负责态度改变了他的命运。

在杂货店里长大的孩子

山姆·沃尔顿和海伦结婚后，海伦生了四个孩子。他们便是沃尔顿家族未来的接班人：三个男孩分别是罗布森、约翰和吉姆，还有一个女孩名叫艾丽斯。

山姆·沃尔顿拥有一个难以忘怀的童年，其中大部分回忆都十分伤感。他的父母相处得并不融洽，遇到一些生活上琐碎的事情就会吵起来没完。作为家中的长子，他承受着家庭不和所带来的巨大压力。

这样的成长经历和环境在很大程度上影响了山姆·沃尔顿的个性，让他总是保持一种忙忙碌碌的状态。他曾发誓说："若我有了家庭，决不那般争吵不休。"所以，当他遇到海伦的时候，便被她的魅力所吸引，山姆·沃尔顿深信这种魅力正是源自她从小生活在一个和睦的家庭氛围中。他认为一个生活在和睦家庭中的孩子，本身更具备成功的特质，也会有更强烈的幸福感。山姆·沃尔顿和海伦尽力保持家庭的和睦，让几个孩子都有机会参与他们小时候做过的事情。

长期以来，山姆·沃尔顿从不强迫他的孩子做一些违背他们意愿的事。因为从幼年便开始为生活奔波劳碌的他，不希望自己的孩子经历他所经受的痛苦。山姆·沃尔顿更愿意给他的继承人铺垫一条通向成功的捷径。当企业越做越大的时候，他开始鼓励孩子们参与商业活动，让他们具备将来成为生意人的决心。这也正是他们坚持居住在小镇上的原因：一方面他们想用年轻时形成的价值观培养孩子，另一方面则是希望家庭保持和睦温馨。

山姆·沃尔顿曾经加入童子军，所以他的几个儿子也都加入了童子军，父子之间拥有了更多的共同话题。此外，他的孩子都玩橄榄球，而且都玩得很棒。他们都曾为本州的球队效力。当吉姆即将毕业的时候，几乎全城的人都对教练说：如果球队少了吉姆，前景或许会很困难了。于是，教练便竭力劝说艾丽斯加入球队，当然她打得也不错，而且在很小的时候就参加过马术表演。

周五晚上，山姆·沃尔顿总是尽量待在家里陪着孩子们看球赛。他和海伦经常带着孩子们去教堂和主日学校，甚至还在那里做过一段时间的教师。即便如此，他仍坚持日常的工作习惯——每个周六都工作到晚上 10 点多，星期日早上起来后照常工作。他们约定轮流送孩子去上主日学校。商店忙不过来的时候，山姆·沃尔顿很少有时间和妻儿们在一起。但是，通过夫妻俩的共同努力，孩子们在成长过程中无时无刻不受到传统价值观的教育：坚信努力工作、诚实、与人和睦相处、勤俭节约的重要性。海伦一人承担了大部分养儿育女的责任，山姆·沃尔顿一星期至少要工作六天，星期六则是整个晚上都要工作。

慢慢地，山姆·沃尔顿的性格和作风潜移默化地影响了每一个家族成员。当孩子们稍大一些的时候，他们都开始以各种各样的方式为家族企业效力。

艾丽斯·沃尔顿 5 岁那年就站在糖果柜台后卖爆米花了。作为家中的长子，罗布森·沃尔顿总是在店里帮忙，每天放学后就在店里拖地板、搬箱子，暑期里则会做得更多。等到他成年之后，拿到驾驶执照所做的第一件事，便是帮助父亲拉了一卡车货物送到位于圣路易斯的本·富兰克林商店。虽然那个时候帮助家里干活会得到一点报酬，但是山姆·沃尔顿一向"节俭"，他并不是真的希望孩子们卖苦力，只是想让他们参与到家族企业的建设中来，最根本的愿望是想让他们体会到劳动的真谛。

除此之外，无论在家里还是在店里，山姆·沃尔顿都需要一些帮手。比如，家里的草坪需要修剪，而山姆·沃尔顿刚好没有时间，他就会合理利用家中那三个结实魁梧的小伙子和一个健康的姑娘了。为了避免孩子们对折扣店的工作产生厌烦，他和海伦都很重视全家一起外出旅游或野营的假期。特别是山姆·沃尔顿带着妻儿周游全国的经历，给全家人留下了许多美好的回忆，这为保持良好的家庭关系奠定了基础。

年龄最小的儿子吉姆·沃尔顿经常被山姆·沃尔顿叮嘱，他听到最多的一句话就是："灵活一点！"所以，吉姆经常观察父亲的另一面——灵活善变。的确，山姆·沃尔顿是一个喜欢更改计划的人，海伦和几个孩子都已经习惯了他的做法。无论是家庭旅行还是商务旅行，他总是更改行程，甚至在踏上旅途之后，还要对行程进行更改。

当这些家族继承人长大之后，他们经常窃笑那些把父亲看做伟大战略家的人们。他们认为，父亲的事业正是在不断改变计划的过程中逐渐繁荣起来的。对于山姆·沃尔顿来说，没有一项决策是不可改变的。

关爱子女的山姆·沃尔顿

在经营本·富兰克林商店时，山姆·沃尔顿总会在忙碌的工作中抽出一些时间和孩子们共同度过。此外，他和海伦每年都有一个月的休假。

从 1956 年开始，每年夏天他们都要带着孩子们，驾驶着那辆旧式的"德索托"旅行汽车去全国各地旅行。第一年，沃尔顿家族成员几乎走遍了整个阿肯色州，逛黄石公园、野营，这使孩子们对该州产生了浓厚的感情，也让他们真正了解了那里。

第二年，他们在去往大特顿公园的途中，开展了一项昂贵的活动——钓鱼比赛，这件事让罗布森至今记忆犹新，因为那次活动花掉了父母所有的旅行费，尽管在去之前他们就预料到会有这样的结果，并进行了举手表决，决定去或者不去。但是，他们最终还是服从了多数人的意愿。山穷水尽的全家人在短暂的休息之后，便马上打道回府了。

最让孩子们难忘的一次旅行是"东海岸之旅"。那一次，四个孩子和他们的好伙伴——一只名叫廷尼的小狗坐在一起，车里到处捆扎着野营装备。野营是一家人最喜欢的旅行方式，孩子们一路欢歌笑语。即使是在旅行的时候，山姆·沃尔顿也不会忘记自己的本职工作，他帮孩子们选好营地，支起帐篷，在安顿好他们之后，便开始到周围的商店去溜达。这时候，孩子们开始和母亲学习合作工作，每人都要做零工，晚上一起祈祷。虽然父亲很忙，但是这并没有引起孩子们的反感，他们喜欢和勤劳的父亲待在一起，共度轻松愉快的时光。四个孩子当中，艾丽斯·沃尔顿和父亲的关系最好，她经常和父亲一起旅行，并且跟着他一起逛商店。等到艾丽斯·沃尔顿上中学的时候，父女二人甚至拥有了秘密约定。山姆·沃尔顿经常陪伴艾丽斯看马展，但实际上，在女儿观看马展时，他经常一个人去逛商店。对于艾丽斯和她的兄弟们而言，商店已经成了沃尔顿家族生活中的一部分，他们理解父亲对工作的痴迷并不代表他不重视家庭，而是他为了整个家族企业和成员必须这么做。

金属货架的故事

长期以来，山姆·沃尔顿所用的货架都是从本·富兰克林公司购买的。这些货架是当时的标准样式：用木头做支架，用木制的托架存放货物，通体都由木头制成。当时，他依然保留着四处逛商店的习惯，从竞争者身上学习一些有用的知识，或是获得一些创新的灵感。

有一天，他重返纽波特，打算去看一看斯特林商店的经营状况，并希望从中收获些什么。在那里他看到一件新鲜的东西：金属制货架。它们看上去轻便，易组装，而且更加结实。这样的东西在本顿

维尔和费耶特维尔实属
罕见，甚至没有一家商
店使用过。山姆·沃尔
顿心中一阵欣喜，所有
能让他的商店变得更
好、更新、更与众不同
的点子都能让他兴奋。
于是，他在本顿维尔当
地找到了一位可以制作
相同金属货架的商人

——吉恩·劳尔。然后，山姆·沃尔顿带着他来到费耶特维尔查看
了他的商店，并和他商量定制一些金属货架。经过和家族中的其他
人讨论之后，山姆·沃尔顿决定将店里所有的货架都改成金属质地。
这一大手笔使该店成为全国第一家使用100%金属货架的杂货店。

当然，这样的金属货架在今天的各个商店随处可见，但在当时
却是一种创新的改革。此后，吉恩·劳尔与沃尔玛家族合作了21
年，退休之后他继续留在本顿维尔的沃尔玛参观中心工作。那段时
间，沃尔玛商店的确达到了预想中的独树一帜和名声大噪。

沃尔顿与他的第一位经理

山姆·沃尔顿不仅能识千里马，他还有办法把千里马拉到自己

的阵营中来。看中威拉德·沃克后，山姆·沃尔顿利用某个故意设计的"偶然机会"走进这家廉价商店，借故和威拉德·沃克寒暄起来，除了产品之外，更多地侧重于管理方面的问题。威拉德·沃克的表现令山姆·沃尔顿十分满意，但是他并未直接说出自己的打算，而是在一个小时的拜访之后离开了商店。这么做一方面是为了避免尴尬和冒犯，另一方面是为了显示自己的诚意。对于这次特殊的拜访，威拉德·沃克不以为意，他根本猜测不到山姆·沃尔顿和他聊天的目的。

一个星期之后，山姆·沃尔顿和海伦的弟弟尼克·罗布森一起造访，这一次他们直言不讳地向威拉德·沃克发出了邀请，和他说起费耶特维尔开设的那家新店刚好需要一位经理，问他对此是否感兴趣。由于距离沃尔玛商店开张只有一天的时间了，威拉德·沃克不得不尽快作出决定。但是，面对不熟悉的未来和现有的安定，他还是犹豫了。

看出他的顾虑，山姆·沃尔顿当即作出承诺："沃克先生，如果您继续犹豫下去，您损失的不止是现有的酬金，还有沃尔玛商店中1%的利润。"

"您说什么？1%的利润？属于我的吗？"威拉德·沃克听到这句话之后，精神为之一振。

"是的，我承诺。"山姆·沃尔顿真诚地望着他。

于是，威拉德·沃克很快便将辞职信递交给了他当时的副总经理，并和他说了事情的始末。然而，那位副总经理并没有鼓励他，而是板着脸说："威拉德，你要记住！以后不要为一些蝇头小利牺牲大好前途。"这些已有些名气的大公司根本瞧不起山姆·沃尔顿这样的小商铺。

幸好，他的话没有打消威拉德·沃克的积极性，他依然决定勇往直前，接受了这项职务。不得不承认，1％的利润是一个很大的诱惑，这也正是山姆·沃尔顿高明的做法，他用这个诱惑拴住了人心，让员工从受雇的被动工作状态，转变成主动为自己打工的状态。威拉德·沃克很快赶到了沃尔玛商店，和山姆·沃尔顿等人一起不拿工资地忙活了半天，当晚便睡在了商品储藏室的帆布床上。

威拉德·沃克加入之后，沃尔顿家族的新鲜力量不断增加，他们都是被山姆·沃尔顿设定的"合伙经营"名目吸引而来的。而这些优秀的管理人当中，也涌现出一批"继承人时代"的前朝老臣，他们和沃尔顿家族同呼吸共命运，并且为沃尔顿家族的发展花费了很大的心血，成为沃尔顿家族建设过程中的中坚力量。

沃尔顿的奇怪决定

1957年5月20日之前，一切进展得相当顺利。然而就在5月20日当天，巴德打电话告诉山姆·沃尔顿，一场龙卷风袭击了位于

"拉斯金高地"的那家商店。

接到电话，山姆·沃尔顿并没有意识到事态的严重性，他以为只不过是震碎了几块玻璃。但是挂断电话之后，他开始有点担心了，因为巴德是从凡尔赛给他打来的电话，而他拨打堪萨斯城的"拉斯金高地"的电话时，传来的却是一阵忙音。他连续拨打了很多遍，依然是这样的情况。山姆·沃尔顿不想坐等结果，他抓起帽子钻进了汽车，向堪萨斯城进发。凌晨两点左右，山姆·沃尔顿到了那里，眼前的景象让他为之震惊——整个购物中心几乎已被夷为平地了。虽然他们的商店中没有人员伤亡，但是店面却早已被破坏殆尽。

虽然店里的商品和货架都上了保险，但对于沃尔顿两兄弟来说，这是一个沉重的打击。它就像昙花一样，仅存片刻便消失了……这曾经是一家最好的店，一家让山姆·沃尔顿激动不已的店。他们满心欢喜地以为，这家店意味着所有好事情的开始。

如同认识到错误便及时改正一样，山姆·沃尔顿遇到困难和挫折，从不会吝啬付出他的坚强和勇气。一段时间之后，购物中心重建，那家本·富兰克林商店也恢复了它的原状。通过这件事，山姆·沃尔顿作出了一个决定——买一架飞机。

这样的决定似乎与"拉斯金高地"的商店被毁毫无关系，但是山姆·沃尔顿这样节俭的人，既然肯投入资金买飞机，自然会有他的道理。原来，随着店铺的增加，山姆·沃尔顿不得不奔走于各个州之间，这往往让他疲惫不堪，一天只能逛完几家店，这让他心里别扭极了。因为这些店铺就好像他的孩子，有一家没有及时照顾到，这一天就好像缺少了什么东西。加上"拉斯金高地"这种突发事件的发生，让山姆·沃尔顿买飞机的想法更加坚定了。遇到问题就解决问题，而解决当时这一问题的方法就是买一架飞机。

考虑再三，山姆·沃尔顿拨通了兄弟巴德的电话，他平静地对巴德说："我想买一架飞机，已经找到了合适的卖家，你速来堪萨斯城和我碰面，帮我参谋一下。"

乍一听这个消息，巴德惊呆了。他搞不懂这个喜欢创新的哥哥究竟为什么要买飞机。但是，他知道一点，山姆·沃尔顿一直想要做一名飞行员，可是他却连汽车也开不好，他们的老父亲一直不愿意乘坐山姆·沃尔顿开的车。那么，这样的人买一架飞机，无疑会毁掉自己。想到这些，巴德赶紧劝说他放弃，几乎是在威逼利诱了，但是仍然未能说服山姆·沃尔顿。

"我真的搞不懂你为什么要买那架飞机，你可能会在驾驶它没几天的时候毁了自己。"最后，巴德无奈地感叹道。

"不管你来不来和我碰头，我还是准备去看看那架飞机。"山姆·沃尔顿执拗地说。

挂掉电话之后，巴德心中忐忑不安，他不希望山姆·沃尔顿冒险，却又无能为力。他最终没有前往堪萨斯城帮助兄长看飞机。后来，巴德听说山姆·沃尔顿没有买那架飞机，不知他是因自己的劝说而放弃，还是因为没有看上它。

　　三天之后，巴德再次接到了山姆·沃尔顿的电话，他在另一端兴致勃勃地说，他在俄克拉荷马城花 1 850 美元买了一架空中双座飞机，强烈邀请巴德过去看一看。这一次，巴德去了，但是并非因为他认同了山姆·沃尔顿的做法，而是出于好奇：1 850 美元能买到什么样的飞机呢？

　　在本顿维尔机场，巴德看到了那架被山姆·沃尔顿称为飞机的机器，它有一台老掉牙的发动机，启动时总会发出很大的噪音；这个发动机患有"心脏病"，每转动几下就会停下来，接着又发出一阵噪音。巴德是太平洋海军退役飞行员，他对飞机有着常人难以理解的情感。然而，这架不像飞机的机器让他备感厌恶，甚至在它成为沃尔顿家族资产之后的两年内，他都没有靠近它。

　　快到 1960 年的时候，山姆·沃尔顿的商店开始在阿肯色州的首府小石城周围"繁殖"。一天，兄弟俩正在一起工作的时候，山姆·沃尔顿突然说："我们上小石城去一趟吧。"自从退役之后，巴德一直没有飞行过，他习惯和水打交道，在太平洋的海面上穿梭。这一次是巴德所经历的最漫长的一次空中旅行，山姆为了让他重温飞行的感觉，特意鼓励他在所有树林和山地的上空飞过。

　　亲自驾驭之后，巴德更加不喜欢这架飞机了，他不喜欢它的座椅，不喜欢它的操纵杆，甚至不喜欢它的仪表盘。但是，这并没有影响山姆·沃尔顿对它的感情。和巴德相反，他对这架飞机爱不释手，尤其喜欢它的速度——如果不是逆风驾驶的话，它每小时可飞行 100 英里。或许这种喜欢也是和汽车相比而言的，起码现在，山姆·沃尔顿可以驾驶它直线到达各个地方。巴德所惧怕的事情一直没有发生，山姆·沃尔顿飞行了数千小时，仍然健康地活着。当然，这并不意味着他的飞行过程一帆风顺。

一次，山姆·沃尔顿从史密斯堡机场起飞，刚飞过河流，一只排气管爆炸了。仿佛世界末日一般，爆炸的脆响让山姆·沃尔顿的大脑暂时停止了工作。尽管发动机依然在转动，但他不得不将它关掉，尽量让飞机保持盘旋下降状态，终于，飞机带着一台熄火的引擎着陆了。

拥有一架飞机之后，山姆·沃尔顿的开店热情似乎更高涨了。他不仅仅拘泥于特许经营店的生意，还开始为沃尔顿家族企业的"薄发"作准备了。

山姆·沃尔顿的习惯

1964 年，作为本·富兰克林公司最大的特许经营商，山姆·沃尔顿已在罗杰斯镇和其他三个地方开设了三家沃尔玛商店，在经营势头良好的情况下，他打算继续扩张沃尔玛商店的地盘。但是，山姆·沃尔顿是本·富兰克林公司参股最多的股东，在这一点上他无

可奈何地受到了制约。也就是说，扩张的想法必须经过本·富兰克林公司同意才能实行。所以他只好来到本·富兰克林公司的总部芝加哥，试图说服对方给自己更多的特许经营权——在其他小城镇上设立廉价商店。然而，总部的官员很快便给出了答案，他们干脆地对山姆说："不行！"

这次会见之后，山姆·沃尔顿并没有马上离开，他来到数据中心，找到当时在本·富兰克林公司担任总经理并负责数据处理的唐·索德奎斯特，打算向他请教一些关于计算机的问题。山姆·沃尔顿脑袋里装着一个想法，要想把沃尔玛商店做得越来越大，就必须顺应潮流，同时提高商店的经营效率。他的确从本·富兰克林公司学到了不少东西。当时，唐·索德奎斯特并不认识山姆·沃尔顿，也不知道他打听相关问题的真正意图，只以为他是公司的特许经营商，出于职责所在，他向山姆·沃尔顿讲解了有关如何使用计算机的所有情况。山姆·沃尔顿则飞快地在他随身携带的笔记本上记下了对方所说的一切。

当他们第二次相遇的时候，正是隔天下午。由于是星期天，唐·索德奎斯特穿着一套不修边幅的牛仔服，来到附近的凯马特商店购物。当他走到服装部附近时，一抬头便看到了昨天在数据中心缠着他不停提问的人，他正专注地和商店店员谈话，手里拿着笔记本，时不时地在上面记录一些什么。出于好奇，唐·索德奎斯特悄悄地走到他的背后，断断续续地听到一段对话：

"你们隔多久订购一次货物？"……"哦，订货量是多少？"……他一边询问，一边在记事本上记录下店员的每一句话。突然，他弯下腰在一个堆满货物的柜台底下张望，由于看不清楚，他打开了进入柜台的弹簧门。接着，他又问道："你们订货的时候，怎么把握量的问题呢？我的意思是，你们怎么知道货柜里还有多少货物呢？"

当山姆·沃尔顿终于停止问话之后，唐·索德奎斯特才小心翼翼地喊道："噢，山姆·沃尔顿先生，是你吗？"

山姆·沃尔顿猛地回头，好像遇到多年未见的故人一样热情地说："是啊，你怎么会在这里？"

"我在买东西呢，你来这里干吗？"唐·索德奎斯特好奇地问。

此时，山姆·沃尔顿竟然腼腆地笑了，他说："呵呵，我正在接受教育呢，这是经营和管理商店工作中的一部分。"

从杂货店到廉价店，山姆·沃尔顿始终坚持着这一习惯，借鉴他人以明己身。直到沃尔顿家族企业蓬勃发展之日，山姆·沃尔顿仍然保持着这个习惯：只是将笔记本换成了录音机。

干瘦男人的魔法

1967 年的一天，山姆·沃尔顿再次来到了纽约的零售公司总部。这一次，折价销售同业商会的执行副总裁接待了他。当时，身为副总裁的库尔特·巴纳德正在办公室工作，温婉的女秘书叩响了他的房门说，有一个人在会议室里等候，要求加入零售业协会。库尔特·巴纳德考虑了一下，说："让他进来吧，但是请告诉他，只有 10 分钟时间。"于是，山姆·沃尔顿达到了此行的目的。他一如往常地说道："您好，

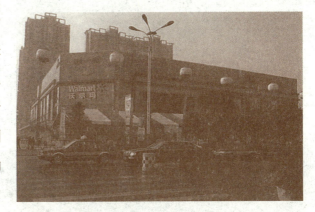

我是阿肯色州本顿维尔的山姆·沃尔顿，我们在那里经营着几家商店，此行我想和您谈谈加入零售业协会的事情。"

第一次见面，山姆·沃尔顿留给库尔特·巴纳德这样的印象：一位矮小精悍，皮肤晒得很黑的人走了进来，腋下还夹着一只网球拍。他自我介绍，并且在此过程中一直盯着自己。他的头稍微倾向一边，前额有少许皱纹，在短短的交流时间内，尽量多地从自己口中套取一切信息，并且不时地做笔录。

谈话越来越深入，两个半小时后山姆·沃尔顿心满意足地离开了，库尔特·巴纳德也累垮了。他不知道这个干瘦的男人施了什么魔法，竟然让他给出了超过 10 分钟十几倍的时间谈话。后来，库尔特·巴纳德查了查山姆·沃尔顿的身份，但是丝毫不确定以后是否有机会还能听到他的名字，因为调查结果显示，山姆·沃尔顿只是一个无名小卒。当时，他和许多忙碌的人们一样忽视了一个逐渐发生的事实："沃尔玛"这个名字，即将越来越频繁地出现在人们的生活和视野中。

沃尔顿与费罗尔德的故事

在 20 世纪 60 年代后期，山姆·沃尔顿已经将沃尔玛公司发展到十几家百货商店和十几家特价商店的规模了。

这个时候，山姆·沃尔顿发现了连锁店的危机所在。公司里的管

理者似乎都不懂得如何进货：有的经验有限，有的甚至一点经验也没有。于是他下决心要找一个资深的管理者，主要负责公司的进货事宜。

那个时候，山姆·沃尔顿已经建立了良好的人际关系网络，他曾从纽贝里这样的大型杂货连锁店聘请工作人员，加里·赖因博思便是其中之一。刚好这家连锁店面临着严重的经营危机，山姆·沃尔顿便考虑着能否从中挖过一些人才。此时，加里·赖因博思向他推荐了在奥马哈任职的费罗尔德·阿伦，他是纽贝里商店的部门经理，也是该连锁店整个中西部商业采购的总负责人。山姆·沃尔顿和巴德专程乘飞机去拜访他，请他和他的夫人到阿肯色州看看沃尔

玛商店的经营情况，顺便谈谈沃尔顿家族企业未来的发展计划，以便更好地听取费罗尔德的意见和建议。

1966 年年中，沃尔玛第 5 家分店在阿肯色州的康韦筹建之时，山姆·沃尔顿正式将费罗尔德·阿伦及其夫人带到了康韦。这家分店的一边是棉花加工厂，另一边是牲畜围场，环境有点糟糕。费罗尔德凭借经验预感到：沃尔玛商店不能设在这里。接着，一行人又来到了本顿维尔店，这里留给费罗尔德的印象也不是很好，他觉得这是一家没有组织规划的商店。然而，尽管心中产生了诸多感受，费罗尔德并未开口说出自己的想法，因为他对山姆·沃尔顿的经营没有太深的印象，同时也不感兴趣。

送走费罗尔德的路上，山姆·沃尔顿看出了这位盛情邀请来的客人似乎对沃尔玛商店并不感兴趣，但是他没有直接道破，而是恭敬谦虚地说："阿伦先生，请您再认真考虑一下，我并不着急得到您的答复，只求在日后遇到采购难题时，您可以帮忙提出一些可供参考的建议或意见。"

尽管费罗尔德对康韦的沃尔玛分店并不看好，但是这并不影响执著的山姆·沃尔顿做事，他依旧在这里开设了分店，并在之后的一段时间内，将这家商店的营业情况告知了费罗尔德。

没过多久，费罗尔德便动摇了，因为他发现了一个令他感到吃惊的事实：沃尔玛的康韦分店一天做成的生意竟然是纽贝里这样的大商店一个月才能做成的。另外，他还获得一个消息，沃尔玛分店交付的租金只有每平方英尺 90 美分。这两个事实摆在眼前，让费罗尔德明白了两点：一是沃尔玛商店有利可图；二是山姆·沃尔顿绝对是一个有头脑有办法的合作伙伴。

与此同时，费罗尔德所在的纽贝里连锁店决定改组，他将被分到新的部门。这一变化坚定了费罗尔德跳槽的决心，他想："如果要我在为之工作了 21 年的公司里重新开始，那为什么不去尝试一下我真正感兴趣的事物呢？"于是，费罗尔德选择了折价销售，与山姆·沃尔顿合作经营沃尔玛公司。

费罗尔德来了之后，直接荣升为公司的副总裁，他花费了很长时间来适应沃尔玛公司的环境和工作。当时，沃尔玛总公司设在本顿维尔的广场上，山姆·沃尔顿已经改造了它，尽管看起来还不错，但是在费罗尔德眼中所作的努力依然不够。沃尔玛总部的办公室在一个陈旧而狭窄的过道楼上，下面是理发店和律师事务所，有些地板已经下陷，从墙角到中间高低相差四英寸左右，各个房间仅被木板隔开。在这样结构紧凑、拥挤的办公室里，费罗尔德开始了他的工作，他必须帮助山姆·沃尔顿将公司组织得比原先要好。他们首先需要建立一个商品分类和补充系统。当时沃尔玛公司所有项目的实施，都必须依赖于商店员工的手工操作，山姆·沃尔顿读过许多有关计算机的文章，对计算机的高效办公感到相当好奇，于是他决心学习计算机，并参加了纽约波基普西的 IBM 学校开设的零售业计算机课程。

沃尔顿加入零售业协会的故事

使山姆加入零售业协会的是一个来自属于折价同业会名下的全美大型零售业协会（NMRI）的人，他的名字叫阿贝·马克斯。正是通过这个人的引荐，山姆·沃尔顿加入了全美大型零售业协会，而加入该会让他日后受益匪浅。

山姆·沃尔顿正式面对面地和阿贝交流是在一次零售业会议上，当时参会的阿贝·马克斯正在看一份报告。山姆·沃尔顿不好意思打扰他，只好站在一边等候。过了一会儿，阿贝·马克斯似乎觉察到身边站着一个人，他猛地抬头，刚好与山姆四目相对。仔细打量了山姆·沃尔顿的装束，他不禁猜测：“这家伙是谁？像个企业家。”

山姆·沃尔顿看见阿贝已经注意到自己了，赶忙说道：“请允许我自我介绍一下，我叫山姆·沃尔顿，是阿肯色州本顿维尔的一个无名小卒，从事零售业。”

这样一番突兀的自我介绍，让阿贝·马克斯有些尴尬，他说："山姆先生，首先要请您原谅我。我自认为知道零售业所有的公司和个人，但不曾听到过山姆·沃尔顿这个人。您能再说一下贵公司的名称吗？"

山姆·沃尔顿连忙接口道："沃尔玛公司。"

阿贝·马克斯迅速地在大脑中搜索这个公司，但是一无所获，只好敷衍地说："好吧，山姆！欢迎你加入折价同业会。相信你会喜欢我们正在开的会议，并很快熟悉这里的每一位朋友。"

"谢谢您的美意，阿贝先生。我来这里不是为了搞交际应酬，只是为了拜访您。我知道您是一个合格的会计师，且颇有成就，我迫切地希望您能为我所从事的事业提一些宝贵的意见或建议。"说完，山姆·沃尔顿打开公文包，里面装着阿贝·马克斯写过的每一篇文章和每一次演讲的文稿。

这个举动马上博得了阿贝·马克斯的好感，他认为眼前这个名叫山姆的中年人绝对是一个扎实而稳重的人。他正在琢磨的时候，山姆·沃尔顿把一本会计账本递了上去，所有的条目都是用手写出来的，他希望阿贝·马克斯能告诉他账本上的问题出在哪儿。当阿贝·马克斯扫了一眼账本之后，不由得张大嘴巴打量起山姆·沃尔顿来——这是一本 1966 年的账本，上面记录了第五家沃尔玛商店的营业额及其他相关账目条款。让阿贝·马克斯感到吃惊的是，仅仅拥有几家商店的山姆·沃尔顿竟然在一年之内就做成了 1 000 万美元的生意！

当阿贝·马克斯看完所有记录之后，他郑重其事地说："山姆，你问我哪里做错了，让我告诉你哪里做错了吧。"他顺手把账本还给山姆·沃尔顿，并帮他合上公文包说，"待在这里就是错！你现在叫一辆出租车去机场，马上飞回家，按你现在的做法，继续你正在做的事。你做得实在太好了，根本没有任何错，你是一个天才！"

经过这番谈话之后，阿贝·马克斯邀请山姆加入了全美大型零售业协会，山姆欣然接受。此后，他在协会里待了15年，也结交了很多朋友。

山姆·沃尔顿在加入了协会之后，便主动邀请总部的三位女士以及唐·惠特克再加上每一家店的经理，共同管理沃尔玛这个在当时已经具有相当规模的公司。在此期间，山姆·沃尔顿先后去阿贝·马克斯的办公室拜访了他几次，他还教会了阿贝·马克斯如何用计算机管理商店。

华尔街上跳草裙舞

1983年，山姆·沃尔顿在俄克拉荷马州的中西部城市开设了第一家山姆会员商店，他曾经许诺说，如果公司业绩出现飞跃，公司税前利润达到8%，他就会在华尔街上跳夏威夷草裙舞。

1984年，公司营业额的确超出了他的预料，于是他真的在美国金融之都华尔街上跳起了草裙舞，实践了对员工的许诺。山姆·沃尔顿的惊人之举给很多投资者留下了难忘的印象。自从1972年沃尔

玛的股票上市以来，其股票价格
年均增长率高达 27%，直到现
在，沃尔顿家族仍然持有沃尔玛
公司 38% 的股票份额。

　　从外表来看，山姆·沃尔顿
是一个极其普通的人，可他有着
极强的竞争意识和冒险精神，而
且山姆一直以勤奋、诚实、友善
和节俭为原则要求自己。尽管山
姆成了亿万富翁，但他节俭的习
惯从未改变，至今仍没购置过一所豪宅，一直住在本顿维尔，经常
开着自己的旧货车进出小镇。镇上的人都知道，山姆是个"抠门儿"
的老头儿，每次理发都只花 5 美元——当地理发的最低价。但是，
这个"小气鬼"却向美国五所大学捐出了数亿美元，并在全国范围
内设立了多项奖学金。

　　沃尔顿节俭的习惯影响了沃尔玛的所有员工，包括他的几个儿
子。美国的大公司一般都有豪华的办公室，而现任公司总裁吉姆·
沃尔顿的办公室只有 20 平方米，公司董事会主席罗布森·沃尔顿的
办公室只有 12 平方米，而且他们办公室内的陈设也都十分简单。正
因为如此"节俭"，沃尔玛才能在短短几十年内迅速扩张。

　　1992 年，山姆·沃尔顿去世。按照其遗嘱，他的股份分给了妻
子、三个儿子和一个女儿。沃尔顿的三个儿子——罗布森、约翰和
吉姆，不仅继承了父亲的财产，还继承了父亲的管理天赋，分别担

任了沃尔玛国际连锁超市的董事会主席、首席执行官和总裁，虽然分了家，但他们还是齐心协力，沃尔顿家族依然生机勃勃。

沃尔顿与杰克·舒梅克的故事

　　沃尔玛公司新的第三号人物杰克·舒梅克在很多方面会让一些曾经在公司总部工作过的人想起。他像迈耶一样，是一位聪明强硬而且好胜自信，甚至有些自负的人，他拥有商人的卓越天赋，而且他的野心也是众人皆知的。他对于沃尔玛公司的迅速发展起到了很大的作用。1970 年，他长途跋涉来到本顿维尔，到沃尔玛面试求职。在那之前，舒梅克曾寄过来一本他为联岸公司写的培训手册，和其他一些他所做过的工作的简历，山姆看后很久都不能忘怀。面试那天，山姆在舒梅克到达之前开飞机到城外巡视商店去了，所以是由弗洛德·阿连德会见的舒梅克，阿连德让他做商店经理助理，这实际上是一份相当低层的工作。舒梅克抑制住自己的失望回绝了，然后回到了家里。当山姆听说了发生的这一切以后，将舒梅克的情况告诉阿连德，并说应该给舒梅克更好的工作，然后打电话给在布法罗的舒梅克，请他再来一趟。

　　但是，舒梅克是个很直白的人，他直截了当地告诉山姆，他没有钱再过来了。所以，山姆就提出在中途与他会面。之后，舒梅克在密苏里约普林的霍华德·约翰逊餐馆的小隔间里同山姆进行了会面，山姆将监督各商店的开业典礼以及为商店经理们编写培训手册的工作交给了他，而他也欣然接受了。

　　从那儿开始，他一路升迁，到 1973 年已成为副总裁，在迈耶离开了之后，他担任了执行副总裁。他是那种让山姆很容易就喜欢上的人：高大、热诚、外向，他在沃尔玛店里与员工交往轻松自如。而且他也很朴实，开着一辆小卡车。像山姆一样，他迷上了猎捕鹌鹑，而且是个出色的猎手，山姆在田野里又多了一个伙伴。在办公室，他为自己树立了一个有创造力的思想者的形象。在解决问题方面，他快速、大胆，而且稳妥。在察觉零售趋势方面，他总能走在竞争的前列。在销售方面，他总能做出一些漂亮的举动。有一次，他引导沃尔玛销售一种安装在壁橱架下面的厨具，而其他的零售商在差不多两年之后才跟着做这种生意。

喜欢打猎的沃尔顿

　　实际上，山姆·沃尔顿并不总在工作，他和别人一样爱玩。在 1974 年那会儿，他很渴望给自己留出更多的闲暇时间，因此把公司的事丢给罗恩·迈耶及其他人，自己则去尽情放松。也就是在那个时候，海伦和他去国外旅行了几次——当然，在国外的大多数时间他还是用于探查商店和做生意。

只有打猎能把他从工作中拖走，尽管他能把两者结合得很好。在他去打猎时，沿途可能会路过一两家沃尔玛商店，如果他不停下来进去看一下，那是不可能的。他常在营地谈生意，一年中有几次他要把各地沃尔玛店的经理召集来过周末，每次见 24 个经理。他常说，他想让他的经理们在工作环境之外的地方彼此加强了解。但是他的有些经理怀疑这只是一个再挤出几个周末去工作和打猎的借口。因为黄昏营地篝火边的谈话都是围绕着沃尔玛的生意，与坐在阿肯色本顿维尔的总部会议室中并没有什么区别，即使打了一天猎之后，山姆也不会把话题转到闲谈中。

狩猎营地位于科珀斯克里蒂西南的一片开阔地带，约有 31 平方英里。自从他 1983 年第一次到德克萨斯之后，这位一向节俭的亿万富翁却心甘情愿地每年支付 12 万美元向当地一个牧场主租下这个地方，从这件事中可以看出他对此地情有独钟。他所关心的是狩猎，而不是环境。相反，他的弟弟巴德在附近另外一个牧场上的住处，却是一所石头结构带游泳池的富丽堂皇的大房子。

德克萨斯的这片土地宽阔平坦。他通常爬上一个四轮驱动的小卡车的坐板，随着卡车在草场上缓缓行进，直到猎犬找到目标。山姆有时也走上一段，他身材瘦削，秃顶周围全是白发，高高的鼻子，饱经日晒的脸上布满皱纹。

山姆的那条狗罗伊可能是历史上最名不副实的捕鸟猎犬。它根本算不上一条好猎犬，它只会向人指出野兔在哪儿，但员工和顾客们却很乐意在商店里与它逗乐。有一次，山姆让人把它的名字和画像印在狗食的标签上，结果竟十分畅销。罗伊还有件不同寻常的事——它与网球有不解之缘。它会随山姆一起去网球场，然后趴在那儿。一旦球出了球场，飞过篱笆，或不管到哪儿，它都会追上去把球捡回来。打猎中真正使山姆感兴趣的是与狗的协作及对狗的训练。

山姆一直为能训练自己的狗而自豪，他从来不用驯狗师，不像别的一些乡村朋友那样有驯狗师。山姆喜欢挑出普通的小猎犬，对它们加以训练，把它们拉来拽去，纠正它们的动作，对它们高声叫喊，教它们学会寻找鸟儿，让它们学会约束自己，等待猎物上钩。有些狗他怎么训练也训练不好，而他的岳父却有帮他重新训练的妙法。他的老岳父喜欢把他不要的狗领去，训练好了再还给他。

除了训练狗以外，山姆还喜欢在各种季节都到户外去。当他置身于野外时，他把沃尔玛公司或自己的一切事务都抛诸脑后，只想着下一拨鸟儿会在哪儿出现。

山姆非常爱捕猎鹌鹑。当他在阿肯色的纽波特刚刚开始自己的小零售店生意时，岳父介绍他开始了这项户外活动。就像在本地打鹌鹑一样，山姆和巴德也非常喜欢到德克萨斯州打鹌鹑。他们在德克萨斯州南部各租了一个牧场，位于里奥格兰德山谷以北不远处。山姆的牧场十分简朴，而巴德的就高档多了。

他的一些好朋友也喜欢打鹌鹑。或许这是极大偏见，但山姆觉得打鹌鹑的人一般都是很好的运动爱好者，他们能在保护自然资源和猎取野生动物之间取得平衡，而这一点当然也是所有人都很重视的。

与疾病抗争的沃尔顿

1982 年，沃尔顿被诊断出患有毛状细胞白血病，这是一种血癌，能毁掉人体血液中的白细胞。自那以后，为医疗之事，他一直往返于休斯敦和总部。山姆一向活跃而精力过人，他常常很早就起床，工作了很久天才放亮。但是那一年，他觉得一天比一天疲乏虚弱。起初，他认为可能是像妻子海伦不停抱怨的那样，工作负荷太重。所以尽管疾病使他很痛苦，他仍然开始委派更多的工作，把繁忙的旅行日程压缩，并试图通过打猎和打网球使自己放松。

即使这样也无济于事。所以山姆不得不去进行一次全面彻底的检查，尽管他一直不喜欢去看医生。阿肯色的医生发现他的白血球数量少得令人不安。他们告诉他，他患有一种慢性白血病至少已经有六七年了。是什么引起的呢？他们不知道。有可能治愈吗？他们也说不清楚。但山姆完全可以得到钱所能买到的最好的医护治疗，所以他们建议他去休斯敦的医学博士安德森的医院，那是全美国最好的癌症研究中心之一。那儿有一位名叫乔治·魁赛达的肿瘤专家，正在使用干扰素对毛状细胞白血病进行实验治疗，这种干扰素是从白血球中精心提取出来的一种异常昂贵的物质。当时，需要300名捐赠者才能提供足够的干扰素，为一名患者治疗3个月，而每月的花费就要大约1万美元。

魁赛达不是那种粉饰太平的人。按他的说法，标准的治疗是先切除病人的脾，然后继之以化疗。但是，他告诉这位不幸的病人，这个疗程也只有25%的成功率（这种成功，只不过意味着保证病人至少可以再活5年）。山姆对做手术一向很反感，但是他一直都很有斗志。他断然地说，手术是不可能的。那么，还有其他的选择吗？事实上只有另外的一种选择。魁赛达说，他可以成为一名接受干扰素研究治疗的病人。这可能要冒险，比如可能会大出血或者感染；还有潜在的副作用，包括流感症状和疲乏无力。即使到那时为止，魁赛达仅仅对还不到10个毛状细胞的白血病患者进行过干扰素治疗，但很显然他对最初的成绩表现了很高的热情。他告诉山姆，这看起来可以帮助患者维持白血球的数量，同时会加强他们的免疫系统。他还说，这是一种实验治疗，到目前为止，尽管成绩令人鼓舞，但还是处于起步阶段。不管怎么样，他耸耸肩，最坏的结果也就是这种治疗不起任何作用。成为实验医疗的对象吗？山姆对此也不大感兴趣，他需要好好地想一想。他主要想确定一下治疗不会影响他尤为繁忙的工作日程。后来魁赛达回忆说，山姆飞回本顿维尔的家中，告诉海伦他目前的处境，并且在1982年10月公司内部的时事通讯《沃尔玛世界》上发表了一封信。在信中，他把自己的诊断结果告诉了公司的 410 多名员工，以认真态度和简单方式对自己生病的严重性轻描淡写，并且说在其他方面，他的身体还是很好的。

他这样写道："医疗获得成功的可能性很大。所以，我的朋友们，请原谅我在这儿谈到我个人的这一点小事，但我们一向认为不论好事坏事都应彼此沟通，也觉得在影响我们公司和沃尔玛大家庭的任何事项上都应该直言不讳。

"我的健康出了问题，我庆幸只是一种小问题。还有能力继续从事 20 到 25 年我所热爱的事业，我还会再回来，也许次数会少得多，但是我会尽量来看你们。你们知道，我多么愿意和你们在一起，共同探讨你们的工作进展情况，以及如何进一步促进我们沃尔玛公司的发展。所以我一定会过来看一看的。

"这么多年以来，拥有你们这些优秀的沃尔玛伙伴的支持、关爱与忠诚，我感到非常的荣幸，而且这种感觉一直存在。我们大家都会对我们所取得的成绩感到非常的自豪。你们知道，我们是合作的伙伴。在很多方面我已经很幸运了，并且感觉现在也一样。我最不需要的是过分的同情与太多关于我健康的谈话。因为你们中很多人都了解我最近一直在进行的检查，所以我只是想把问题解释清楚，不致出现很多不真实的传言。"

最后，他谈论起了他计划要训练的几只爱犬，并以此结束了那封信。他信中几乎没有反映出他的真实感觉。在商业活动中，他可以凭借多年经历磨炼出来的敏锐直觉迅速作出种种决定。但是这件事却不同，他完全不知道该怎么办了。他的母亲在 52 岁的时候死于癌症，比他现在年轻多了。他花了整整一个月的时间考虑该怎么做，然后还是飞到休斯敦去询问关于治疗方面更多的问题。魁赛达迎接他的同时给他带来了新的消息，医生已经发现了如何使用遗传工程选取人工干扰素，使得这种物质更容易获取。若不是这样的话，对于山姆来说，干扰素的获取恐怕就已经是一个问题了。山姆详细地询问魁赛达及其他医生们这种治疗可能要冒的风险，以及可能产生的良性效果。魁赛达直率地告诉他，因为这种药太新了，所以还有很多有待于了解的东西。山姆回到家，又考虑了漫长的一个月，最后终于决定要尝试一下这种治疗。

他学会了如何给自己注射以及如何请别人为自己注射。他的整个疗程在前6个月需要每天注射干扰素，而后6个月需要每周注射三次。治疗还不到半个疗程，疾病就被控制住了，白血病在慢慢消退，后来就不再有什么困扰了。这一切居然变得轻而易举。

自那以后，白血病实际上就没再困扰过他，尽管每年他都继续去魁赛达那儿做几次检查。这次打猎之前3个月，他还去了医生那里；魁赛达已经开始注意山姆白血球的细微变化，但他没有查明原因，因为山姆不愿在此滞留3天，以便魁赛达医生能把他脑子里的想法付诸实践。

当山姆带着胸腔和胳膊的怪异疼痛出现时，医生们从他的髋部取了一些骨髓，通过化验分析，发现他患了恶性的骨髓癌，即一种多发性骨髓癌。

这一次，魁赛达的预测更为残酷：没治了。他说，这是一种挑战性大得多的疾病，化疗和放射疗法有可能使它消退，但是使它不再复发就太困难了，治疗也会更艰难。山姆并没有遭受过来自干扰素治疗的严重副作用的困扰，但是魁赛达警告说，他应该对放射疗法、化学疗法以及化疗消耗功能做好准备。除非他很幸运，否则疾病本身就会带来疼痛的感觉，有时候甚至会是剧烈的疼痛。他的骨头已经受到了损害，而且很脆弱。他会变得越来越虚弱，而且更容易疲乏。

对于魁赛达的治疗，山姆比第一次更有信心。但是，他还是仔细向医生提出了各种问题。是否还有其他的更自然一些的治疗方法。其他的都不说，化疗和放射疗法听起来好像太费时间了。在家庭的协助下，尤其是在儿子约翰的帮助下，因为这时约翰的女儿也已患了癌症，山姆研究起不同的治疗方法，接二连三地向医生询问关于自然疗法、非常规疗法、维生素等所有可能取代或是减少化疗和放射疗法的方法。

山姆对于死神会随时降临有什么反应呢？这一点很难讲。他一向热情洋溢，为员工们鼓舞士气，他从中得到明显的快乐；他把与店员们的谈话都变成了鼓动大会；然而他却是一个特别不愿与人交流思想感情的人。除了有时与海伦说一说，他几乎从来不谈论自己。海伦也和他一样，是个嘴很严的人。山姆40多年的老朋友，威廉姆·H·恩菲尔德说过这样一段话："从个人角度，我对海伦和山姆的熟悉程度可能超过这里的任何一个人，但是对于他们，我还是有很多的不了解，而且我也从未试着去了解。"

假设要山姆重新审视自己的一生，不知道他是否会早一点放慢生活的节奏，多花一些时间陪伴海伦和孩子们；或者他是否应该对那些为建造他的零售帝国而倾注心血的人们更温和一些。这些设想的确是很诱人的。

诱人，但是很可能是错了。最终，当死神越来越临近，山姆·沃尔顿确实承认他深夜里开始产生关于生存的疑问。但终于，这些好像只不过刚刚开始就很快消失了。

这些都是以后的事了。在他的诊断结果出来后，他又去猎捕更大的鹌鹑了。

的确，当他从魁赛达医生那里得知那个坏消息时，山姆·沃尔顿对于如何处置他的财产和他的公司并没有真正考虑过。海伦和孩子们会被照顾得很好，而且他们都能管理好自己的事务。他感到有信心，因为他已经把这一切都灌输给了他们，他也相信他的孩子们会保住合伙企业在沃尔玛所持有的股份，不会抛售掉手里的股份。他也对罗布森在沃尔玛事务中能够代表家族的能力有信心。同时，他对格拉斯以及他多年来在身边建设起来的管理队伍会尽可能地以山姆·沃尔顿的方式管理沃尔玛充满信心。

山姆根本就不是像他自己很乐意承认的是那种特别内向的人。在他沉思于骨癌诊断的时候，他直接的反应，几乎可以确定地说，不是回顾自己的一生，也不是怀疑原有的生活方式是否合理，而是关注曾经赋予他的生命以意义的企业将来会怎么样。

下辈子还开沃尔玛

山姆·沃尔顿在生命的最后一刻，反思一生走过的道路，也期望能留下一点经验给后人。

他这样写道："这些天来我真的病了，我猜想当人变得老了，而且病魔缠身时，思考自然会变得更加睿智。特别是当夜深人静，难以入眠之际，大脑就会像清点存货那样一遍又一遍地回忆起自己走过的路，做过的事。事实上，如果我没有生病，我怀疑自己是否会去写书，或者花那么多时间去清理自己的一生。正如你所知，由于个人性格关系，我对这样的案头工作还抱有偏见。

"这听上去会使熟知我的人感到奇怪，但最近我的确一直在思考，如此全身心地投入沃尔玛公司，我是否感到后悔；我放弃和家人共度的时光是否真正值得；这些年来我为什么驱使我的合伙人们拼命干活；我是否真的留下可让我引以为豪的事业；或者当我现在面对生命最后挑战时，这一切其实已都失去了意义。

"在某些时刻，如果我们当时采取不同的选择，将会有许多不同的结果。许多人同我一样在零售业开创自己的事业，但把公司发展到一定规模之后，他们就说'我已经赚够了'，于是将公司出售，去买下一座小岛坐享清福。我也可以功成身退，和子孙们一起玩耍，或者同我妻子一起把余生献给其他较为轻松的工作。我不知道在这世界上是否还有其他人会和我一样：从一个十足的新手起步，学习生意经、擦地板、记账、装饰橱窗、称糖果、管理收银机、装潢店堂、安置设备、建立起一个这样规模和质量的公司，并且一直坚持到最后，而这一切的原因是我非常喜欢这么干。我所知道的人中，没有一个像我这样。

"现在我是这么看的：我的成就是用生命换来的。如果我想达到自己设定的目标，我就不得不每天为之奋斗，费尽心思，坚持不懈。我想大卫·格拉斯评价我的话是对的：每天起床开始，我就想着要去改进一些东西。查利·鲍姆说得也对，我一直被一种追求卓越的念头所驱使。但在更广泛的意义上，即生命和死亡的意义上，我是否作了正确的选择？对此思考了很久之后，我可以诚实地说，如果能从头来过，我还会作出同样的选择。牧师安抚我们的心灵，医生医治我们的疾病，教师启迪我们的智慧。每个人都要扮演自己的角色。事实上，我确信唯一可以改善人们生活质量的办法，就是以正确和道德的方式来发展我们称之为'自由企业'的机制，它对大萧条时期成长起来的我们这代人来说是真实可信的。而且我也确信没有几家公司能像沃尔玛一样。

"我们不仅仅是为了营利。我的经营策略是以尽可能低的价格出售质量最高的商品，吸引顾客上门。差不多从一开始，我们的目标就是薄利多销，充分利用我们自己的力量，同供应商打交道，以便让他们设法降低商品的售价。如果不为顾客着想，一切不从顾客的利益出发，那么早晚会在激烈的竞争中受到重创，而那些过于贪婪的家伙注定会被淘汰。

"后来，沃尔玛成功了，是在先人后己下成功的。在未来，自由企业制度将会运作得更为完美，这意味着大家都可从中获益，包括工人、股东、公众，当然还有管理者，但其条件是管理阶层必须有一种公仆式的领导作风。

"我确信一件事情，那就是我们的确改变了这个国家的零售业。我这里说的我们，不仅是指沃尔玛公司。而且还指我的一些同行，像索尔·普赖斯、哈里·坎宁安和其他一些成功的零售商。

"我不是说，每家公司都应该像沃尔玛那样。并非每个人都要像折价零售业一样，尽可能为顾客省下每一美元。很多公司不会这样做。当我出差坐二等舱时，许多人认为我的举动简直疯了，或许我做得是有点过分，但我觉得，作为一个领导应该以身作则。如果我坐头等舱，而要求别人坐二等舱，这就很不公正。当你这么做时，抵触情绪就会产生，而整个团队精神就会出现裂缝。

"不过现在我应该忘记过去所有的一切，想一想沃尔玛这份遗产的未来如何。我相信，随着沃尔玛公司的奋斗和成长，它将不会辜负人们曾寄予的期望。我希望我们能在比我们家乡更广泛的地域传播沃尔玛式的思想，因为我们现在已经是全国性的公司。为了保持沃尔玛公司在公众心目中的地位，我们必须研究回馈公众的更多途径。对于那些我已提到的，我们所做过的事情，我感到无比自豪。同时我们早已着手研究进一步扩展我们影响的方法，以获得更多的、全面的社会理解。正如我说过的，美国迫切需要一场教育革命。我希望沃尔玛公司能够为之作出贡献。若没有强有力的教育制度支持，自由企业制度就不会正常运作，而像沃尔玛、IBM、普罗克特·甘布尔这样的公司就不会出现在舞台上，国民经济实力就得不到加强。你或许很难相信这一点，但这句古老格言却百试不爽：付出越多，回报越厚。我下辈子还要开沃尔玛。

"我要写自己的传记，其中一个理由是，今后，我的孙子和曾孙将会读到这本书并从中懂得这样的道理，如果他们做出任何愚蠢的举动，即使百年之后我也将从地里爬出来找他们算账。所以想也不要去想那些愚蠢之举。"

美国总统的颁奖

1992 年 3 月初，山姆·沃尔顿写书精神仍然很高昂，但是他的身体状况已日趋恶化。这时，他得到了一生中最大的惊喜。白宫准备颁给山姆·他总统自由奖章，那是美国公民的最高荣誉。

"成功要大力庆祝，失败亦保持乐观"
"超越顾客的期望"
"控制成本低于竞争对手"
"逆流而上，放弃传统观念"

　　乔治·布什总统和第一夫人将到本顿维尔亲自把奖章颁给山姆·沃尔顿，山姆也因此荣誉而感到十分欣喜。在这种场合，山姆当然可以邀请任何人参加颁奖典礼，但是几乎不用问就知道他要邀请哪些人——当然是沃尔玛商店的同事们。

　　颁奖典礼在 3 月 17 日星期二早晨举行，地点在沃尔玛总公司的大礼堂内，那也是山姆举行无数次星期六早晨会议的地方。几百位公司同仁齐聚一堂，在这个特别的日子，公司同仁对山姆的爱戴特别令人感动，连布什总统夫妇可能都颇感意外，更不用说白宫的新闻记者团。沃尔玛公司给了乔治·布什总统一个最为热烈的沃尔玛式的欢迎，山姆显然十分高兴，他把它称之为"我们整个事业最荣耀的一刻"，并将他所有的荣耀与公司同仁们分享。这是个特殊的日子，这也是令人沉痛的一天，山姆必须坐在轮椅上被推上讲台，许多公司同仁都已感觉到，这可能是他们最后一次和山姆在一起。当天，会场里洋溢着一种荣耀的气息，但也有许多回忆与泪水。

　　下面就是总统对山姆的褒扬：

　　"山姆·沃尔顿，一个地道的美国人，他具体展现了创业精神，是美国梦的缩影。他关怀员工，奉献社区，而希望与众不同是他事业的特色。通过设立拉丁美洲奖学金，他使人们更加接近，并与他人共同分享他所代表的美国理想。他是忠实于家庭的男人，企业的领导人，也是倡导民主制度的政治家。山姆·沃尔顿具有诚实、希望和努力工作的美德。美国向这位商业领袖致敬，祝他的生活和他的事业一样成功。"

　　几天后，山姆住进了小石城的阿肯色大学医院。在他在世的最后几个星期里，他仍然很高兴地做他以前喜欢做的事。除了家人以外，在他去世前跟他谈过话的外人中，有一位就是当地沃尔玛商店的经理，来和山姆聊聊本周店内的销售数字。获得自由奖章后不到三星期，也就是山姆 74 岁生日后数日的 4 月 5 日的早晨，山姆·沃尔顿与癌症的抗争终于结束，他平静地离开了这个世界。

第五章　沃尔顿家族的主要成员

沃尔顿家族是全美最富有的家族，已故沃尔玛连锁商店创始人山姆·沃尔顿的妻子海伦和4名子女是美国最有钱的一家，他们拥有的财富超过了全世界的任何一个家族，在沃尔顿家族中，有多名成员登上了福布斯富豪榜。

"灵魂人物" 海伦·罗布森

海伦·罗布森，沃尔玛创始人山姆·沃尔顿的妻子，她于俄克拉荷马大学毕业，曾任沃尔玛公司名誉主席，是沃尔顿一家的灵魂人物。

海伦·罗布森，1920 年出生在美国俄克拉荷马州克莱尔莫尔镇。她的父亲是一名非常出色的律师、银行家和牧场主。海伦从俄克拉荷马大学毕业后，希望能够独立自主创业。山姆在个人传记《美国制造》中用 6 个词形容海伦：美丽、聪颖、有教养、雄心勃勃、坚持己见、意志坚强。

1943 年的情人节，海伦与山姆·沃尔顿结婚，婚礼在她的家乡俄克拉荷马州的克莱尔莫尔镇举行。

为了支持山姆创业，海伦放弃了她的法律专业。她对山姆说："我们已结婚两年而且搬了 16 次家。现在我将跟你到任何你想去的地方，只要你不要求我住在大城市里。对我来说，有 1 万人的城镇就够大的了。"果然，此后沃尔顿一家从不考虑在任何超过 1 万人的城镇设店。出乎意料的是，这一小城镇战略使沃尔玛公司在以后将近 20 年里得以不断发展，基本确定了公司今后的发展进程。

在山姆创业的曲折历程中，海伦不失为一个珍贵的智囊。通过仔细地观察，她发现有些合伙企业最终结局很糟，所以她坚持要干一番事业唯有走自己单干的道路。海伦建议山姆不要搞合伙企业，以避免风险。

她是山姆事业不断发展的缓冲器。"爸爸总是听妈妈的，当他不听的时候，妈妈有法子让他听。"罗布森说。山姆最初希望将沃尔玛开在一座大些的城镇里，但因为海伦坚持超市要开在居民1万人以下的镇上，山姆最后把第一家店开在了本顿维尔镇，从而一步步走向成功。

在山姆时时刻刻为事业努力奋斗的时候，海伦为他做了很多配合工作，让沃尔顿家同时关注到慈善事业。据说是她说服丈夫在沃尔玛成立慈善基金会。需要指出的是，海伦的想法并非永远正确，有报道说，20世纪70年代她曾劝说丈夫退休。

1992年山姆去世时，大部分钱都给了海伦。

1997年，海伦驾车穿过本顿维尔镇，撞上一辆装有5.7万磅（约合26吨）垃圾的卡车。目击者称，车祸是海伦闯红灯造成的，卡车司机向她索赔6 500万美元。海伦伤势很严重，一只脚的脚踝、臀部和双肩骨折。最初她在医院接受特殊护理，后来接受了几次手术。"妈妈的头部在车祸中也受了伤，"罗布森说，"她现在做很多事情力不从心。"海伦和伤痛斗争，没有完全康复，但这不妨碍她对公司业务的关注。

海伦热心公益事业，作为长老会教堂基金会理事，她成立了山姆和海伦·沃尔顿奖，向该奖捐款600万美元，鼓励教堂发展。她还捐出 220 万美元支持本顿维尔镇的教育。在海伦的敦促下，沃尔顿家拿出 500 万美元，在费耶特维尔大学校园附近建立了沃尔顿艺术中心。这个中心于 1992 年，也就是山姆去世几个星期后开放。这个多功能中心是南阿肯色交响乐团的所在地。

2007 年 4 月，海伦去世，终年 87 岁，留下了向慈善事业捐献的遗嘱。这一举将美国最富有的家庭变成最慷慨的家庭。

深居简出的罗布森·沃尔顿

罗布森·沃尔顿是山姆的长子，他 1966 年毕业于阿肯色大学，获得商业管理学学士学位，1969 年获得哥伦比亚大学法学院硕士学位。他曾任沃尔玛百货公司副总裁、总顾问、副董事长，现任沃尔玛百货公司董事长。

1985 年，山姆·沃尔顿被《福布斯》杂志评为美国第一富豪；1991 年，沃尔玛的营业额达到 326 亿美元，成为全美也是全世界的最大零售商，山姆也因其卓越的创业精神、冒险精神和辛勤劳动被布什总统授予"总统自由勋章"，这是美国公民的最高荣誉。1999年《财富》杂志全球500强排行榜上，沃尔玛公司排名第四，营业收入额为1 392.08亿美元，利润达56.56亿美元。2002年，由美国《财富》杂志评出的2002年"全球500强排行榜"上，沃尔玛公司以2 198亿美元的营业收入牢牢占据着老大的位置。就在2003年4月底，英国《星期日泰晤士报》公布了2003年最新全球亿万富翁排行榜，沃尔顿家族以546亿英镑再次进入全球富豪榜。

罗布森作为沃尔顿家四个孩子中的老大，刚成年就考取了驾驶执照，接着在夜间向各个零售点运送商品，大大节约了父亲的运输费用。那时四个孩子都开始帮父亲干活了。与同龄的孩子不同，大人不给他们零花钱，但他们可以自己挣。他们跪在商店地上擦地板，修补漏雨的房顶，夜间帮助卸车。父亲付给他们的工钱同工人们的一样多。罗布森·沃尔顿如今回忆说，父亲让他们将部分收入变成商店的股份，商店事业兴旺起来以后，孩子们的微薄投资变成了不小的初级资本。大学毕业时，罗布森已经能用自己的钱买一栋房子，并给房子配备豪华的家具。

1992年4月，经验丰富的罗布森出任沃尔玛董事长，给沃尔玛的发展注入了新鲜的血液。据1994年5月美国《财富》杂志公布的全美服务行业分类排行榜，沃尔玛1993年销售额高达673.4亿美元，比上一年增长118亿多美元，超过了1992年排名第一位的西尔斯百货公司，雄踞全美零售业榜首。1995年沃尔玛销售额持续增长，并创造了零售业的一项世界纪录，实现年销售额936亿美元，在《财富》杂志1995美国最大企业排行榜上名列第四。2001年，沃尔玛一跃成为《财富》500强排名的第二名，事实上，沃尔玛的年销售额相当于全美所有百货公司的总和，而且至今仍保持着强劲的发展势头。

除了坚持父亲定下的经营理念，罗布森还很注重依靠信息技术发展沃尔玛。著名的沃尔玛数据库是世界上最大的民用数据库。借助这一信息系统，沃尔玛与供应商建立了紧密联系，从在计算机上开出订单到商品上架，沃尔玛商店比竞争对手平均快3天，能节省成本2.5%。1996年到1999年间，沃尔玛的销售量增加了78%，而库存仅上升了24%。而今，沃尔玛并不满足于4 000家商店的销售，又将战线拉到了互联网上，借电子商务将自己的版图进一步拓展到世界各个角落。

已经成为世界首富的罗布森没有忘记父亲的教诲，同父亲一样，罗布森是一个非常俭朴的人。在沃尔玛网站上，没有一张罗布森的照片。这位富豪不接受记者采访，他的新闻秘书拒绝回答有关沃尔顿私生活的问题。《星期日泰晤士报》2001年曾经向沃尔玛总部咨询过有关罗布森私人生活的三个问题：目前罗布森住在什么地方？他经常旅行吗？他有游艇吗？报纸不但没有得到任何答案，反而被沃尔玛的发言人提醒，还是问点跟业务有关的问题比较好。

时至今日，罗布森住在故乡小城，深居简出，过着与美国蓝领工人一样的简朴生活：他开的是一辆老式拖车。而且每次出去理发，都只花5美元，这几乎是当地理发价格的下限，据说，该理发师很怕接待他，因为，尽管罗布森贵为亿万富翁，却从来不出一丁点儿小费。这位理发师说："我给沃尔顿理发都85次了，他从来没多给过我一美分。"

罗布森每次去世界各地出差，都会坚持订条件一般的旅馆，一晚上的费用从没有超过50美元的。更为夸张的是，他还总是要求与人合住一间房，以便节约成本。罗布森的办公室只有12平方米，而且室内的陈设也都十分简单，以至于很多人把沃尔玛形容成"'穷人'开店穷人买"。

喜欢飞行的约翰·沃尔顿

沃尔玛公司创始人山姆·沃尔顿的第二个儿子——约翰·沃尔顿在大学毕业后作为特种兵参加了越战。后来，沃尔顿由于冒着炮火勇救多名同伴的生命而荣获银质勋章。

对于这一荣誉，他的父亲山姆·沃尔顿还曾经表示："如果我是评委会成员，我不会同意这项授勋，有很多人都做过类似的事情。"

2004年11月《财富》杂志的一篇文章中，作者安迪·瑟维尔曾形容约翰·沃尔顿是家族里"文艺复兴时代式"的人物——因为他当过士兵、水手、飞行员，还是电子迷，也是风险资本家。约翰身材又高又瘦，酷似哥哥罗布森·沃尔顿，但脸上略带风霜痕迹，看起来更像父亲。

和创立沃尔玛的父亲不同，约翰·沃尔顿走的是一条非传统的成长道路。年轻时，他对商业根本不感兴趣。在大学毕业后，约翰选择了去越南战场。

回到美国后，父亲和家人都希望他加入沃尔玛，可唯一一个让他觉得满意的工作是做公司飞行员。他驾驶飞机负责在德克萨斯州和亚利桑那州喷洒农药。这份工作听起来简单，但天天在单引擎飞机里飞行，也让人筋疲力尽。不过，这却让他重新适应了普通生活。几年后，约翰·沃尔顿把生活从空中改到海上，开始在加州从事造船生意，这家公司至今还在运营。他收购了另外一家专门生产高档摩托艇的造船厂，而事实上，该公司真正吸引约翰的是其生产农田风车涡轮叶片的部门。另外，约翰本人亦成立了一家控股公司"特鲁诺斯"，业务范围包括生产先进船用复合材料与风险投资等。

闯荡多年后，父亲最终还是把约翰拉了回来。约翰曾经回忆说："大概是在 1990 年时，那时父亲还在世，我做飞行和造船也有一段时间了，正打算做些其他投资。我跟随父亲出了几次差，他问我是否有兴趣加入董事会，我就顺水推舟地答应了。"

在父亲和家族的安排之下，1992 年约翰加入了沃尔玛董事会。此后的十几年中，约翰变得越来越像一个生意人。

在很多人眼里，约翰·沃尔顿最大的成就还在于领导沃尔顿家族基金积极赞助中小学教育。

起初，沃尔顿家族慈善事业进展很慢。原因很简单，父亲山姆·沃尔顿在商场里打拼，为的是扩展公司规模，而非积累、散财做善事。但生意发展起来后，回馈社会几乎是每个美国富豪家族不得不考虑的问题。约翰·沃尔顿曾经表示："家里人得出一个结论：任何单一领域的行为，都不如改善美国基础教育影响广泛。因为它会对我们面临的诸如犯罪、生产力、经济健康、经济增长以及真正的平等所有这些社会挑战产生积极的影响。"

约翰·沃尔顿 2005 年 6 月 27 日因飞机失事身亡。沃尔玛公司声明说，58 岁的约翰·沃尔顿 27 日驾驶超轻型飞机，从美国怀俄明州大蒂顿国家公园的杰克逊霍勒机场起飞后不久，飞机就坠毁了，约翰·沃尔顿当场死亡，同机的一名沃尔玛董事会成员也不幸罹难。

约翰生前喜爱驾驶飞机，最终却栽在了他最喜欢的运动上面。报道称，约翰这次失事的小飞机，属试验型的自制飞机，用铝和类似船帆的强力纤维织物建造，非常轻巧，仅重 180 千克到 225 千克。出事时天气情况良好。

飞机失事后，沃尔玛公司还在一份声明中说："作为沃尔顿家族基金的一名董事会成员，约翰在带领基金推动美国基础教育方面起了带头作用。"由于这个原因，《财富》杂志的文章作者安迪·瑟维尔还把约翰看做家族的"改革者"。

镇静沉着的吉姆·沃尔顿

吉姆·沃尔顿，山姆·沃尔顿的小儿子，毕业于阿肯色大学，现任沃尔玛总裁。

2007 年《福布斯》全球亿万富
豪排行榜，以 168 亿美元位列第 23。
2008 年《福布斯》全球亿万富豪排
行榜，以 192 亿美元位列第 26。
2009 年《福布斯》全球亿万富豪排
行榜，以 178 亿美元位列第 11。
2010 年《福布斯》全球亿万富豪排
行榜，以 207 亿美元位列第 15。

2011 年《福布斯》全球亿万富豪排

行榜，以 213 亿美元位列第 20。

　　吉姆的发色较深，再加上他的笑容，使他的相貌在兄弟几人里
看起来最像母亲，他谈吐温和，镇静沉着。

　　吉姆是在他父亲的沃尔玛商场里长大的，打扫卫生、整理货架
是他那时的主要工作。

　　吉姆·沃尔顿和兄弟们一样，也在本顿维尔镇上读高中，他在
学校里也是橄榄球队的正式球员。但是，吉姆没有像兄长罗布森、
约翰以及妹妹艾丽斯一样去外地求学；相反，他选择了阿肯色州州
立大学，主修的专业是商业管理。

　　在山姆的几个孩子中，只有他仍与原配保持着婚姻关系。吉姆
的夫人琳恩曾在靠近镇广场的地方经营过一家书店，该书店已经
歇业。

　　跟大多数沃尔顿家族成员一样，吉姆学会了飞行，之后，于 20

世纪 70 年代初加入了沃尔玛，几年之后又表示要从事房地产交易。

吉姆会代表沃尔顿家族和其他家族打交道。如果说罗布森代表的是沃尔顿家族仅有的公众形象，那么吉姆就代表着家族私密的一面。他统管着家族拥有的绝大部分企业，其中包括沃尔顿企业持 900 亿美元的沃尔玛股票、一家繁荣的银行控股公司、报纸，还有几家小型企业。吉姆不是沃尔玛董事会的成员，事实上他供职的各家公司都是家族的私有企业。

在阿肯色州西北部甚至流传着这样的说法：没人愿意干吉姆的差事，因为他的工作太辛苦！而这并不是第二代亿万富翁的典型作风。

吉姆的办公室设在本顿维尔镇中心那栋不太像样的老楼里。那里是沃尔顿世界的中心，也是沃尔顿企业有限公司的办公地点。

在投资业内，沃尔顿企业被看做一个家族事务所，即专门管理某一富有家族金钱及事务的公司。但是，由于其所持沃尔玛股票的价值超过了德克萨斯州和阿肯色州两州的预算经费总和，其他大多数投资公司在沃尔顿企业面前都相形见绌。吉姆和另外 20 余名雇员共同管理着这家公司，其中里克·查普曼等重要顾问负责家族的日常金融事务，而巴迪·菲尔波特担任沃尔顿家族基金会的负责人。

吉姆因热心公益而广受好评，可他讨价还价时的锱铢必较也是出了名的，这一点和他父亲如出一辙。

全球最富有女富豪艾丽斯·沃尔顿

艾丽斯·沃尔顿是山姆和他妻子海伦唯一的女儿。她有圣安东尼奥三一大学文科学士学位。艾丽斯·沃尔顿以212亿美元的资产在全球富豪中排名第二十一位，是地球上最有钱的女人。

艾丽斯·沃尔顿能登上《福布斯》富豪排行榜并且名列全球女富豪的榜首，应该说都要归功于她有一个成功的爸爸和几个能干的兄弟。

她的父亲山姆·沃尔顿是全球最大的零售商沃尔玛的创始人，1992年去世时将财产和股份平分给妻子和儿女，女儿艾丽斯也分得了上百亿美元的遗产。艾丽斯不喜欢经商，也不喜欢在媒体前露面，离婚后，她将一切露脸的工作交给了兄弟们，自己则躲在德克萨斯州的农场里每天骑马，摆弄一下自己喜欢的东西。兄弟们也没有让她失望，沃尔玛越做越红火，艾丽斯的个人资产不断增加，2001年达到205亿美元，比那些精明、操心的商人更富有。

　　沃尔玛在全球有 4 000 多家分店，是世界上最大的零售商，而且它的生意还在不断发展，但这一切都是艾丽斯父兄的功劳。沃尔玛的业务都由她的兄弟们打理，她只管"坐收渔利"。艾丽斯结过一次婚，没有孩子，不爱在媒体前抛头露面。目前她一个人住在德克萨斯州的沃思堡，她在那儿有一个农场，整天以养马、骑马为乐。

　　艾丽斯一向关心慈善捐助，也多次捐助教育。她创立了"儿童学业基金"，给低收入家庭的孩子发放奖学金。她说："家庭的捐助促进了公、私立学校的竞赛，这将培养出受过更好教育的孩子，也减少失业、犯罪和其他的社会弊病。"艾丽斯的举动与沃尔顿家族自山姆开始就一直大力支持美国教育改革的传统有关。沃尔顿家族还曾在 2002 年向阿肯色大学捐款 3 亿美元，创下了美国一所公立大学接受捐款的最高纪录。

　　除此之外，1994 年，艾丽斯的拉玛公司为阿肯色西北地区预算109 亿美元的机场建设工程捐助了 7 950 万美元。因此，1999 年，机场建成时，机场管委会决定航站大楼以艾丽斯·沃尔顿的名字命名。

　　在沃尔顿家族中，她最为特殊。艾丽斯个性很固执也很任性。山姆在他的书中形容她说："某些地方，艾丽斯最像我，很不合群，性格活泼。"艾丽斯则说："我从爸爸身上学会了果断，不过学得还不是很精道。"

　　艾丽斯曾经卷入一场官司纠纷之中。

　　1998 年 5 月 29 日，艾丽斯又开着车冲下公路，撞毁了路边的电话亭和煤气表。当警察赶到后，她还盛气凌人地说："你知道我是谁吗？你知道我姓什么吗？"事后艾丽斯被证实有多项违规驾驶罪名：
一、不系安全带；二、刹车失灵；三、醉酒驾驶。除此之外，她还
蛮横地拒绝接受酒精测试。

　　一开始，辩护律师劝说艾丽斯赔偿和解，但倔强的艾丽斯毫不
理会，坚持认为自己不需对事故负责，于是她花重金请来强大的律
师和专家辩护团，包括一名公共关系专家、至少两名律师，并兴师
动众地搜集 16 名目击证人到法庭来，为其作证。但许多人都劝她放
弃上庭，律师杰夫·哈波警告她："你真的那么想打赢这场官司吗？
如果你赢了，你和你家族的公众形象可能会丧失殆尽。因为普通老
百姓和公共舆论对这种大家族仗势欺人的行为是非常反感的，你可
能会得不偿失。"

　　结果她被法庭判处罚款 350 美元和两天社区劳动，并支付 300
美元的诉讼费用。

　　由于这桩案子在城内被宣扬得沸沸扬扬，艾丽斯的举动引起了
"公愤"，罚款和劳动补偿不能平息人们对艾丽斯及沃尔顿家族的抨
击，一时间民间引发一片抵制沃尔玛的声浪，人们甚至贴出口号：
"你应该做到：不要醉酒驾驶；不要在沃尔玛超市购物；不要做任何
有贡献于艾丽斯·沃尔顿口袋的事情。"

不过近年来艾丽斯学会了收敛锋芒，与邻为善。她的农场附近有一条河污染严重，当地居民向市政府反映多次也不见效果。最后艾丽斯给州长打了个电话，没过多久，州检察长就下令查封了污染源——一个矿井。

第六章 "零售帝国"的奥秘

在40年前,沃尔玛还只是美国阿肯色州一个小镇上的夫妻店。而后来沃尔玛成了一个强大无比的"商业帝国"。以传统的零售经营为主的沃尔玛能取得如此辉煌的业绩,绝不是普通人轻而易举能够做得到的。沃尔玛之所以成功,其创始人山姆·沃尔顿必然有自己走向成功的"秘密武器"。

那"秘密武器"究竟是什么呢?

永不满足现状

在纽波特开第一家本·富兰克林杂货店时，山姆就定下了要在 5 年内使其成为阿肯色州内最赚钱的杂货店的目标，虽然当时他全无经营杂货店的经验。几乎从一开始，他就与街对面另一家杂货店展开了价格战，同时，又天天往那家店跑，去观察该店老板的经营之道。起初，该店营业额是山姆的商店的两倍，到了第三年，

山姆的营业额就超过了它，并且在 5 年内成为本·富兰克林连锁和附近 8 个州中销售额第一的杂货店。

在评价自己的经商之道时，山姆曾说自己从没有一刻停息下来，总是不满现状，寻求突破。他认为这可能是其对沃尔玛成功的最大贡献。换言之，山姆虽是小镇商人出身，但他从不满足于做个平庸的小商人，也许他一开始并未想到自己的店会发展成全国最大的零售公司，但他确实在自己事业发展的任何阶段都决心把事情干得最好，力争上游。

公司的继任总裁戴维·格拉斯这样评价他：

"我认为山姆与别人最大的不同之处有两点：一是他每天都总是充满精力和决心在做事情；二是他比别人更不怕犯错误，犯错之后总是勇于面对，力求改正。"

作为一个企业家，山姆有难能可贵的敢于尝试、不怕碰钉子、不怕打破常规的精神。

还是在纽波特的时候，刚开始经营的山姆毫无经验，因此一切几乎完全按加盟手册的指示去做。但不久之后山姆就开始按照自己的想法实验了。例如，他常直接向制造商进货，而不愿通过巴特勒兄弟公司，因为这可以省下25%的佣金。而当时巴特勒公司对加盟店进货有严格规定，必须保证80%以上的货物从巴特勒公司采购。山姆不得不一面到处去找尽可能便宜的货源，另一方面尽量遵守80%货物从巴特勒公司采购的承诺。他常常是白天在店里照顾生意，打烊后就开上拖车到密西西比河以东的田纳西州寻找便宜货。他总是能买来各种各样又便宜又畅销的商品。他还通过纽约的采购服务公司直接向生产厂家下订单，而服务公司只取相当于货款的5%的佣金，远低于从本·富兰克林总部进货的25%的佣金。显然，从这时起，山姆就已经掌握了绕过批发商，直接从生产企业进货，降低交易成本，从而降低商品售价的窍门，并把此原理用到了未来沃尔玛折扣商店的经营上。

山姆的"擦边"做法令本·富兰克林总部十分生气，但总部年底还是给了他奖金回扣，主要是因为山姆的经营业绩太好了。虽然他向总部进货的比例可能未达到80%，但由于销售额非常高，进货的绝对量还是大大增加了。

购物中心在美国是50年代初才出现的，大发展则要到60年代中期。它是居民不断迁往城市郊区居住以及城郊高速公路网发展的结果。一家购物中心通常以两三家百货店和一家药店或杂货店为骨干，加上众多小型专业店组成，若是在郊区，还提供宽敞的免费停车场。山姆在50年代中就到处向人推销购物中心的概念，并积极寻找理想地点，开创发展购物中心事业。后来他终于找到一个理想地点，并谈妥了租约，开始筹款动工。然而，他发现事情远不像想象的那么容易，这已属于不动产的投资经营。最终，山姆在赔了2年的时间和2.5万美元后放弃了，重回零售业老本行，由别人完成了这个购物中心的建设。不过，从这件事中，山姆学到了不少有关术动产的知识，对他日后发展沃尔玛分店的选址很有帮助。

天天低价

沃尔玛名下的各种商店，给人的一个突出的感觉是薄利多销，天天低价。沃尔玛认准的目标就是面向中低收入的大众阶层，经营低价位、多而全的商品。几十年来，沃尔玛一直恪守薄利多销的经营战略。

"为顾客节省每一美分"，山姆·沃尔顿将"低价销售、保证满意"作为企业的经营宗旨，并将这条原则写在招牌两边。山姆认为，低价销售代表着零售业未来发展的方向，只有实行"真正的低价"，才能赢得顾客。这是沃尔玛在零售业竞争中战胜强大对手，迅速脱颖而出的重要原因。

在沃尔玛的经营中，山姆坚持每一种商品都要比其他商店便宜，他提倡低成本、低费用结构、低价格、让利给消费者的经营思想。为了实现这一经营思想，山姆付出了艰辛的努力。在创业之初缺少资金的情况下，山姆带领员工自己动手改造租来的旧厂房，研究降低存货成本的方法，尽己所能降低费用，为实行真正的折价销售奠定成本基础。在当时的情况下，山姆将沃尔玛的目标利润定在 30%，而后则进一步降到 22%，而其他竞争对手仍维持 45% 的利润。他们不愿把一件原卖 8 美元的罩衫卖到 5 美元，但沃尔玛就这样做了，这就为山姆争取了大批的顾客。

山姆俱乐部是实行会员制的商店，是山姆在 1983 年开办的。每个顾客只要交纳 25 美元就可以拥有会员资格，能以批发价格获得大批高质量商品。可以说，山姆俱乐部的商品销售利润是微乎其微，仅为 5% 到 7%，但这一超低价的实施带来的却是销售额的大幅增加。

当然，山姆的最低价原则并不意味着商品质量或服务上存在任何偷工减料的情况。山姆对其员工的满意服务极为自豪，只要顾客一开口，他们马上就去做任何事。他认为顾客应当从沃尔玛获得低价高质的服务，这是沃尔玛创立与发展之本。

山姆坚持以"低价销售，保证满意"作为沃尔玛的经营宗旨，既然要做到低价，就必须降低成本。当时，多数折价商的货源完全来自中间商、批发商或分销商，他们要从中收取一定的佣金。山姆绕开这些中间商，直接从工厂进货，大大减少了进货的中间环节，将价格压至最低。同时，在商品采购中，山姆放弃系列化的原则，仅采购几个优质品牌。因为他发现，一个商店80%的销售额通常是由20%的商品创造的，山姆称之为"80/20原则"。这一原则的实施不仅有利于价格折扣，而且降低了管理难度。

沃尔玛避开了一切中间环节，直接从工厂进货，其雄厚的经济实力使之具有强大的议价能力。更重要的是，沃尔玛并不因自身规模大、实力强而肆意损害供应商的利益来增加自身利润，而是重视与供应商建立友好融洽的协作关系，保护供应商的利益。沃尔玛给予供应商的优惠远远超过同行。美国第三大零售商凯马特对供应的商品平均45天付款，而沃尔玛仅为平均29天付款，大大激发了供应商与沃尔玛建立业务的积极性，从而保证了沃尔玛商品的最优进货。

勤俭节约

　　沃尔玛对待成本的态度从山姆·沃尔顿的素来行事中可见一斑。他曾经说过：我们一家都喜欢飞行，我们拥有好几架舒适的飞机，这几年来我们曾经买过 18 架飞机，但我从来没买过一架新的飞机，我们一家也喜欢到一些风景优美的地方聚会，像佛罗里达州那不勒斯的里茨卡尔顿饭店或圣迭戈的德尔科罗纳多饭店。我们居住的房子是 E·费伊·琼斯设计的，他居住在费耶特维尔镇的沿马路边的房子里，他是世界著名的建筑师弗兰克·劳埃德·赖特的得意门生。尽管我认为房子造价太高，但我不得不承认，房子是美轮美奂的，它呈现出一种真正简朴、自然的风格。我们并不因为有钱而感到于心有愧，但我确实认为炫耀奢侈豪华的生活方式在任何地方都不合适，至少在我们居住的本顿维尔，这里的老乡们为了生活而辛苦挣钱。我不知道名声远扬是什么滋味，例如究竟为什么我会接到参加伊丽莎白·泰勒在好莱坞举行的婚礼的请柬？我至今不明白为什么我在理发店理发会变成新闻。不去理发店我还能到哪儿去呢？为什么我要驾驶一辆运货小卡车呢？我该把我的几只狗拴在哪里？难道关在罗尔·罗伊斯轿车里？

　　这种节俭低调的理念始终没有离开过他，包括他的亲人和继任者，这使他们做出了很多常人不可理解的举动。

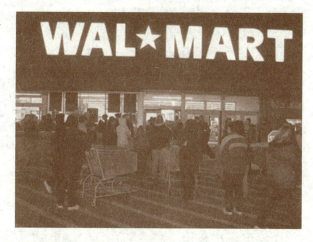

有一位同事回忆他与山姆·沃尔顿一起出差购物的情景："我永远不会忘记采购旅行，我们四五个人一起出动：我们有采购预算，不管怎么用我们心里明白我们一共只可以花去多少美元。如我们为这个部门采购花1万美元，为那个部门采购花2万美元，都要在预算以内。我们这一群阿肯色州来的家伙在纽约市到处走访，对我来说一切都感到新鲜。我从未到过纽约。山姆把我们分成几对，有的采购家用物品，有的采购女士服装以及其他物品等等。

"山姆给采购出差定下这样一个公式：我们的出差费用不应超过采购金额的1%。所以我们总是挤住在麦迪逊广场花园附近的一家小旅馆里。

"山姆总是连早上和晚上也要找个客户和我们谈生意。要知道找纽约人是相当困难的，一般纽约人都要乘火车上下班并且他们对一切都恪守规则。但是山姆总能找到某个人狂谈生意。一方面他要求出差时间尽可能地短，另一方面他要确保我们时刻有工作可干。"

沃尔玛这么大的公司，条件是相当不错的。一次一个重要的经理桑顿接到山姆的加盟邀请后，告诉山姆他将在本周末乘边境航空公司的飞机抵达菲亚特威尔。山姆告诉他说："那个周末正好有阿肯色橄榄球赛，我不想错过任何阿肯色的比赛。我会把我的汽车给你留在停车场，把钥匙留到门卫那里。他会告诉你怎样找到本顿维尔，晚上我会和你们在一起。"就这样，桑顿与他的妻子穿着最好的衣服到了那里，准备着一次工作面试，从门卫那儿拿到钥匙，他们期望也许他会有一辆凯迪拉克在外面等着。

停车场里仅有大约 15 辆汽车。桑顿开始在每辆车上试钥匙，最后终于找到了。那是一辆很老的切卫比斯坎双门汽车，样子很难看，车内装饰破旧不堪，车里是一堆"排骨"，整个后部都是"稻草"。他回去向门卫又核实了一下，觉得不可能是那辆车。然而门卫说："我不知道那辆汽车是什么样子，如果钥匙合适，就把它开走吧。"后来桑顿才发现那是山姆的猎犬车。

另一位应聘来的经理回忆："到沃尔玛没几天，我就发现他视纸如命。那一次我发现没有打印纸，就找秘书要，对方轻描淡写一句：'地上盒子里有纸，裁一下就行了。''可是我要打印纸！'对方还是平静如水：'我们从来没有专门用来打印的纸，用的都是废报告的背面。打印纸也是一样，除非非常重要的文件，否则一律用纸的背面。'秘书告诉我，办公室就有一台裁纸机。在第二天的会议上，我发现从部门经理到北方营运总监，大家随身携带的笔记本都是用废报告纸裁成的。"

另一位营业员说："刚到店里，我费了九牛二虎之力，才在家电区一个小角落里找到写有'总经办'三个小字的办公室。这是一个宽只有 3 到 4 米、长 10 米左右、形状不规则的房间，最里面用文件柜隔出一个大约几平方米的区域，摆上一张桌子和一排文件柜，这就成了总经理工作的地方，对面是常务副总的桌子。文件柜另一边就是其他人工作的地方。左右两边各有一排长长的桌子，两个秘书、两个行政部工作人员，还有四位副总经理全都挤在这片狭长的空间内。总经理和副总经理在办公室出现的时间很少有超过半小时的，基本只用于开会、处理顾客投诉或者与员工谈话等几种情况。所以，唯一能够证明这是他们办公地点的就只有他们的抽屉和文件夹。总经办的会一般都是站着开的，因为椅子不够用；即便够，由于空间有限，也只有让位于人。"

当访客被领进经理主管们的工作地点——他们叫"工作站"的地方时，这里经常会听到顾客抱怨：怎么沃尔玛这么小气，连办公室都不让自己进！在他们看来，工作站根本谈不上是办公室，而且总经办还要难找些，它是一个在售卖生肉的地方，普普通通两扇门，顾客一般发现不了，得走进销售区里面才能找到；另一个总经办在体育用品区域，在密密麻麻的货架深处最不显眼的角落里，同样外表没有任何标记。

一般来讲，每家沃尔玛店都会有两间工作站，一个属于非食品部门，另一个属于食品部门。工作站往往一专多能：它是沃尔玛部门经理和主管处理文字工作的地方，还是所有人到计算机系统里察看相关数据、打印标签的地方，也是摆放商品的地方，包括散货、需要索赔的商品、临时撤下的商品、贵重商品、赠品等，统统都放在这里。所以工作站经常拥挤不堪，杂乱不堪。另外，工作站还是召开部门会议和人力资源部门进行培训的地方，人力资源部门只有一个培训室，如果有两个培训一同发生，其中一个就只有安排到另一个工作站进行。

按照沃尔玛创始人山姆·沃尔顿的说法，节约的目的正是"为顾客省钱"。当沃尔玛刚开进某市，就喊出为市民"每人涨一级工资"的口号，实践证明这并非夸海口。老百姓能用更低的价格买到更好的东西，不是涨工资是什么？沃尔玛知道，要想价格便宜，就要降低成本。而最简单的办法，当然莫过于从他们自己身上揩油。

员工至上

沃尔玛公司的领导人被称为"公仆"，是为员工服务的，他们必须始终把与员工沟通放在首要位置。他们为每一个员工服务，指导、帮助和鼓励他们，为他们的成功创造机会。这些都是"公司领导必须经常处理的事情"。

沃尔玛公司的诸位"公仆"，并不是坐在办公桌后发号施令，而是走出来和员工直接交流沟通，并及时处理有关问题，实行"走动式管理"。他们的办公室虽然有锁，但门总是打开着，有的商店办公室甚至没有门，以便让每个员工随时可以走进去，提出自己的看法。

事实上，即便是山姆自己，也不遗余力地与他手下的经理和员工们沟通。他热爱他们，他们也的确感到他的心扉是向他们敞开的。

山姆常会对沃尔玛商店进行不定期的视察，并与员工们保持沟通。这使他成为深受大家敬爱的老板，同时这也使他获得了大量的第一手信息。他通过沟通发现问题，同时也乘此机会挖掘人才。因此常有这样的情况，他会给他的业务执行副总经理打电话说："让某某人去管一家商店，他能胜任。"业务经理要是对此人的经验等方面表示出一些疑虑，山姆就会说："给他一家商店吧，让我们瞧瞧他怎么做。"因为在沟通中他已经了解了这个人的能力。

山姆也绝对不能容忍经理不尊重自己店里的员工。如果与员工的沟通中他得知有这种现象发生，或是亲眼所见，他会立即召集管理层开会加以解决。

因此，沃尔玛公司里的员工都很尊敬他，也喜欢与他交谈，把自己的问题向他倾诉。安迪·西姆斯就是其中一个。安迪曾任阿肯色州罗杰斯的沃尔玛 1 号分店的经理，他回忆当他刚开始在德克萨斯州西部的沃尔玛商店工作时，他期盼董事长来商店参观时的感觉，就像等待一位伟大的运动员、电影明星或州政府首脑一样。然而，山姆并不像想象的那样威严，使人难以接近，相反他一走进商店，员工们原来那种敬畏的心情立即就被一种亲密感所取代。山姆以自己的平易近人把笼罩在他身上的那种传奇和神秘色彩一扫而光。他会问一些最令人感到亲切的问题，比如"你想要什么、你最关心什么"之类。

沟通不仅在公司与员工之间，还存在于公司的运作之中。由于沃尔玛规模太庞大了，不可能让每家沃尔玛商店的每个部门主管把大量时间花在与供应商讨价还价和选择货物中，所以山姆试图想出能达到同样效果的方法。结果是，山姆挑选一个部门，如体育用品或园艺用品部，然后从每个地区挑选一个部门主管，这些人是商店内该商品部门的全日制员工。然后将所有人集中到供应商所在地，比如本顿维尔，让他们告诉采购员该买什么和不该买什么。然后，他们会与供应商见面，说明其产品有何优缺点。同时，所有人一起制订下个季度的计划，最后这些部门主管带着他们从邻近商店的管理人员那里学来的东西各自回自己的地区。这方法十分奏效，节省了公司大量的时间。

随着科技的不断进步，山姆与公司的沟通手段也在不断更新，开始应用计算机、人造卫星等高科技手段。在沃尔玛公司里，除了实地调查以外，会议中还会有计算机的打印输出结果，告诉公司内部经理与员工哪些商品卖得出去,哪些卖不出去。然而会议中真正有价值的情报还是公司经理们从商店里带回来的信息。他们会在一起讨论为什么那些商品会畅销或滞销,随后他们会在一起讨论商店应当出售什么商品或是将什么商品从货架上撤除。比如,如果他们到巴拿马城海滩的商店看到那里防晒油销量很好,就可以将此方法告诉其他地区的海滩商店。会议结束以后,这些地区的经理应当立刻打电话给分区经理,再由他们告知各商店经理,商店经理会要求部门经理马上采取行动,于是整个公司的运转都连在一起进行促销,然后看哪项商品创造了最高的销售数量。这个竞赛不仅是刺激销售的方法,而且还让员工们学会如何选择适销商品,如何选择促销方式和采购计划,同时,这也是一种相互的交流和学习,这种方式激发出无数灵感。

在公司里,任何员工都是公司内平等且重要的一员。比如,在公司总部的办公楼前,公司的任何人,包括山姆本人在内,在停车场上都没有一个固定的车位。公司所有的员工受到平等对待,还表现在公司内形成上下沟通的开放环境。每个人为企业的经营献计献策,都有机会充分表达;每位员工可以向经理表达他的看法,包括建议也包括不满。在每年的年会上,员工还可直接会见总裁,讨论从工作条件到发展方向上的任何问题;而且,从山姆到各级主管、区域经理,每周都有三四天在各分店视察,了解分店的情况,听取员工意见。

随着公司越来越多地在大中城市郊区开店,员工来源发生了很大变化。来自小镇的员工更乐于在沃尔玛工作，认为这里更为稳定，并且他们也认同公司的经营理念。而大城市里来的员工则不大容易融入公司的环境。对于山姆来说，这也是一种挑战。山姆认为，一个头脑灵活、懂得激励员工的好经理，无论在什么地方，都能够通过尊重员工，善待他们和要求他们，最终使他们成为公司的优秀一员。员工只有称职与不称职之分，没有地域之分。而且，山姆极力保持管理层与员工之间的经常交流，努力让每个人感到自己是山姆扩大的家庭的一员。这种"大家庭意识"特别受到来自贫穷的州的员工，如阿肯色、密西西比等州的员工的支持。由于公司在偏僻地区为这些员工提供了收入较高又稳定的工作，员工对此十分感激。为表示对公司的归属感，有的员工甚至在沃尔玛店内举行婚礼。

不拘一格网罗和提拔人才

山姆的识才本事的确不凡。山姆有一个得力助手杰克·舒梅克。与大多数早期的经理人员不同的是，他只不过是个大学毕业生。尽管他刚刚进入沃尔玛时由于经验不足，显得有些稚嫩，但山姆却以其独到的眼光看中了这位佐治亚技术学院毕业的工程师对系统及组织的爱好，这不正是当时的沃尔玛迫切所需的吗？山姆不因其经验上的缺陷而放弃对他的器重，相反他在杰克刚刚加盟沃尔玛后就交给了他一项重大的任务：为沃尔玛写一本经营手册。对于一位新人，这无疑是一个不小的考验，然而，凭着山姆对杰克的了解，他有理由相信杰克一定能出色地完成这个工作。因此，他直率地向杰克提出要求，并只给了他60天的时间。虽然杰克本人认为用90天的时间才能完成这项任务，但他后来发现，实际只用了59天这本厚达360页的文献便出版问世了。这时他才发现山姆对他的了解和信赖甚至超出了他自己。同时，他也察觉到他的这位老板是个缺乏耐心的"行动派"，与他自己刚好形成鲜明对照，因此他想，他俩刚巧可以"互通有无"了。其实这也正是山姆的想法。真可谓"英雄所见略同"。

事实上，山姆的身边一直聚集着各式各样的人才，他们各有所长，可以弥补山姆本人在性格上或是在知识能力等方面的种种不足。由于他们在公司中各尽所能，沃尔玛在各方面得以均衡发展，始终保持着旺盛的增长势头。所谓"一个好汉三个帮"，山姆很清楚，如果没有各个阶层形形色色的人才大力支持，沃尔玛别说取得如此辉煌的成就，就连能否生存下来也需画上一个大大的问号。尤其是像罗恩、杰克、戴维等人的努力，更为沃尔玛尽早建立分销制度，完善分销系统打下了基础，也为沃尔玛的成功拓展铺平了道路。

回顾沃尔玛创业之初，每家分店一年的净利润其实只有 8 000 ~ 12 000 美元，只要有一两个经理不诚实就会毁掉整个公司。对付这些难题的办法就是山姆总是在招募他的"将领"时亲自跑到其工作的地方去看看他的实际工作表现，然后再与之面谈。他总是邀请这些招募对象到沃尔玛参观，同时向他们描绘出未来的蓝图，令这些人对山姆及沃尔玛充满信心。但在此之前，他们必须首先赢得山姆对其的信任。

一个出色的老板看人的眼光会像鹰的目光一样锐利，山姆不会放弃任何一个可贵的人才，在沃尔玛就有这样一个例子：

克劳德就是在与山姆经过了一次谈话之后，获得了他的信任。当时，他正在孟菲斯城管理着一家伍尔沃思商店。

一天，山姆把他"拖"到冷饮店后，开始同他聊天。聊天进行得很轻松，主要是了解他的经济状况和他对此状况的满意度。山姆发现克劳德的年薪大约只有 1 万到 1.2 万美元，同时却有四五个孩子，然而他仍然能使他的薪水有所节余。这是一个很有意思的暗示。山姆认为既然克劳德能管理好他自己家中的钱财，也一定会成功地管好一家商店。基于这一点，他马上把他挖到了自己的企业中，安排他在费耶特维尔广场东面的一家沃尔玛公司杂货店当经理，目的是协助沃尔玛与西边的一家廉价商品店进行竞争。

当时与他们竞争的那家廉价店的"形象"产品策略正在发挥着巨大的商业作用。廉价的保健品和美容护肤品将附近的客源源源不断地吸引到他们的商店。

克劳德一上任就看出了与对手竞争的窍门，于是立即着手改变了整个沃尔玛的经营布局，并且用低价从另一家商店买下了许多商品，还在店内增加了大量不必开处方的成药。接着，最精彩的一点，是在沃尔玛也开设了一个保健美容护肤品柜台，以更低的价格与对手唱起了对台戏。最后，这场针锋相对的减价战以克劳德所领导的沃尔玛分店大获全胜而告终。

早期沃尔玛的经理们都是出身于杂货店的最低级职员，然后一步一个脚印地干起来，成为真正出类拔萃的人。他们共同拥有脚踏实地、勤俭节约等优良品质，而这正是沃尔玛的发展所需要的。也许正是这种踏实的用人原则使得沃尔玛获得了成功。

发挥人才的最大潜能

从 20 世纪 70 年代后半期直到 90 年代，沃尔玛每年以 100 到 200 家新店的速度扩  张，因此需要越来越多的管理人才。但是，沃尔玛公司的组织结构十分精简，根本没有多余的人手，因此通常的做法就是在准备开某个新店时，从其他店抽调人手先帮忙，开业后就走马上任了。公司扩大后，作为总裁的山姆很清楚自己应该寻找适当的人选，放到适合他们发挥作用的位置上，然后放手让他们去干。与一般的零售公司不同，沃尔玛的员工经过 6 个月的训练以后，如果表现良好，具有管理好员工、做好商品销售的潜力，山姆就会给他机会，让他先做经理助理或去协助开设新店，干得不错的话，他就会有机会单独管理一个分店。这些人如果是在别的公司，没有 10 年以上的工作经验休想被提拔为经理。

这种大胆使用新人的做法曾经使公司的人事主管深表怀疑，但山姆说：一个人缺乏工作经验及相关知识没有多大关系，只要他肯学习并全力以赴，绝对能够以勤补拙。事实证明山姆的判断没有错。实际上，这也是山姆自身成长走过的道路。山姆相信，只要肯像他自己那样努力工作，精力充沛，追求成功，就能成为一个好经理。而且，他更乐于雇佣那些有家室和强烈宗教信仰的人，认为他们更稳定、更努力。这种用人方式使沃尔玛避免了产生其他零售业那样由于大量使用兼职工、非熟练工以压低成本，员工流失率居高不下的现象。

山姆自己就是一个只求实效、做事不拘一格的人，因此他从不勉强下属对一切循规蹈矩。他向同仁们灌输这样的思想：只要把事做好，用什么办法他都无所谓。因此，他的助手们逐渐在实践中磨练得思维活跃，反应敏捷，总能在关键时刻出奇制胜。

有效地吸纳每一个得力的人才，迅速地提拔人才，最大限度地发挥人才的潜力，是沃尔玛的人才观。正是因为这样，沃尔玛才能拥有这么多支撑企业的顶梁柱，大家同心协力才会有今天的沃尔玛。

山姆很清楚公司的发展需要各式各样的人才，自己的力量是远远不够的，所以，一旦发现在公司发展中需要哪方面的人才，他就会立刻去找。

山姆在 20 世纪 60 年代中后期开始了解到利用电脑进行存货管理的重要，并也曾努力学习和向专家请教。但他知道自己不是精通电脑的人，沃尔玛需要精通电脑管理的专业人才。于是他去电脑学校，但目的不在于学习电脑知识，而是要搜寻到一个理想的电脑管理人才。他在电脑学校遇到许多能干的人，最后把目标锁定在了罗恩·迈耶身上。后来，罗恩·迈耶加入了沃尔玛，担任财务及配送副总裁。迈耶来后又引荐了另一位专家任沃尔玛的第一位数据处理经理，他们联手为公司建成了复杂的配送和管理信息系统。要知道，这个系统为今天沃尔玛的成功出了很多力。70 年代中叶，山姆退居幕后期间，罗恩曾升任沃尔玛的董事会主席和最高执行官。

罗恩·迈耶在电脑管理方面的才干，恰好弥补了沃尔玛分销系统的薄弱。这位能力超群的分销问题专家还为沃尔玛引进了许多新概念，例如商品组合、双向装卸及运转等等。事实上罗恩所做的这一切为今后沃尔玛分销制度走上正轨奠定了坚实的基础。而山姆对这位得力助手也绝对是赞赏有加，在那之后，山姆又挖掘了一位分销方面的专家唐·索德奎斯特。他当时在为别的公司服务，但山姆深知他的才干正是沃尔玛所需要的，所以在几经辛苦劝说后，山姆终于把他请到了自己的公司。1976 年，山姆让戴维进了董事会，让他放开手脚尽其所能，最终建立起了沃尔玛自己的高效的分销系统，这一系统直至今日还在发挥着作用。

一切为顾客着想

零售商们将"顾客至上"的标语悬挂在其店铺最显眼的地方以显示其经营原则在今天已是屡见不鲜，然而早在近半个世纪前，沃尔玛就已将它作为事业发展的基石。

在山姆·沃尔顿创业的初期，"顾客至上"的原则就表现得极为突出。

一位自1950年起就在当时的平价商店里工作的老员工回忆说："沃尔顿先生第一次让我们认识到顾客永远是对的。""沃尔顿先生要我们与顾客聊一聊他们养的牛、鸡、猪，还有他们的孩子，这并非因为这些话题很重要，而是因为顾客是我们收入的源泉，是我们利润的源泉。这一点在以后的经营中不断得到强调。"

沃尔顿始终要求每位采购人员在采购货品时态度坚决。他总是告诫他们："你们不是在为沃尔玛商店讨价还价，而是在为顾客讨价还价，我们应该为顾客争取到最好的价钱。"沃尔玛商店的低价政策为当地小镇上的居民节约下数十亿美元的支出。

如今的沃尔玛也同样传承着这样的经营思想，并将其体现到工作的方方面面。

"让顾客满意"是沃尔玛公司的首要目标，"顾客满意是保证未来成功与成长的最好投资"。沃尔玛为顾客提供"高品质服务"和"无条件退款"的承诺不是漂亮的口号，在美国，只要是从沃尔玛购买的商品，无须任何理由，甚至没有收据，沃尔玛都无条件受理退款。沃尔玛每周都有对顾客期望和反映的调查，管理人员根据使用电脑信息系统收集到的信息以及通过直接调查收集到的顾客期望来即时更新商品的组合，组织采购，改进商品陈列摆放，营造舒适的购物环境。

山姆有句名言："请对顾客露出你的8颗牙。"在山姆看来，只有微笑到露出8颗牙的程度，才称得上是合格的"微笑服务"。山姆还教导员工："当顾客走到距离你10英尺的范围内时，你要温和地看着顾客的眼睛，鼓励他向你咨询和求助。"这一条被概括为"10英尺态度"，成为沃尔玛的员工准则。在沃尔玛企业文化中还有"不要把今天的工作拖到明天""永远提供超出顾客预期的服务"等规则，这些已写进了美国的营销教科书。

山姆·沃尔顿坚信，"顾客第一"是沃尔玛成功的精髓。山姆曾反复说过："我们的老板只有一个，那就是我们的顾客。是他们付给我们每月的薪水，只有他有权解雇上至董事长的每一个人。道理很简单，只要他们改变一下购物习惯，换到别家商店买东西就是了。"沃尔玛的营业场所总是醒目地写着其经营信条："第一条：顾客永远是对的；第二条：如有疑问，请参照第一条。"

沃尔玛这种服务顾客的观念并非只停留在标语和口号上，它是深入到经营服务行动中的。沃尔玛店铺内通道、灯光的设计都是为了令顾客更加舒适；店门口的欢迎者较同行更主动热情；收银员一律站立工作以示对顾客的尊敬；当任何一位顾客距营业员 3 米的时候，营业员都必须面向顾客，面露微笑，主动打招呼，并问"有什么需要我效劳的吗？"沃尔玛力图让顾客在每一家连锁店都感到"这是我们的商店"，都会得到殷勤、诚恳的接待，以确保不打折扣地满足顾客需要。正是"事事以顾客为先"的点点滴滴为沃尔玛赢得了顾客的好感和信赖。

另外，沃尔玛还从顾客的需求出发提供多项特殊的服务以方便顾客购物：

免费停车。例如深圳的沃尔玛店营业面积 1.2 万多平方米，有近 400 个免费停车位，而另一家营业面积达 1.78 万多平方米的沃尔玛购物广场也设有约 150 个停车位。

免费咨询。店内聘专业人士为顾客免费提供电脑、照相机、录像机及其相关用品的咨询，有助于顾客减少盲目购买带来的风险。

商务中心。店内设有文件处理商务中心，可为顾客提供包括彩色文件制作、复印、工程图纸放大缩小、高速文印在内的多项服务。

送货服务。一次购物满一定额度，沃尔玛皆可提供送货服务，在指定范围内收取廉价的费用，因为商品价格中不含送货成本。

开店到乡镇。在店址选择上，沃尔玛也以方便顾客购物为首要考虑因素。在美国，它的触角伸向西尔斯、凯马特所不屑一顾的偏远小乡镇。从明尼苏达到密西西比，从南加州到俄克拉荷马，沃尔玛无所不在。只要哪座乡镇缺乏廉价商店，沃尔玛就在哪里开店。

沃尔玛各连锁店的生意都非常多，店员非常忙碌，大家互相依赖。当天的事情在太阳下山之前必须干完是每个店员必须达到的要求，不管是乡下的连锁店还是闹市区的连锁店，只要顾客提出要求，店员就必须在当天满足顾客。这就是沃尔玛的工作原则。

"太阳下山"规则是沃尔玛的创办人山姆从"今天干的事为何拖到明天"这句美国谚语中概括出来的，今天它仍是沃尔玛企业文化的重要组成部分，也是顾客一提到沃尔玛的店员，无不伸大拇指的原因。

"太阳下山"这一规则与山姆的"尊敬每一个人，服务顾客，力求完美"三个基本信条是完全一致的。沃尔玛店员深知顾客生活在一个忙碌的世界里，"太阳下山"规则把舒心和便捷留给顾客，因而它充分表明了他们对顾客的关心。

除此之外，沃尔玛的经营秘诀在于不断地去了解顾客的需要，设身处地为顾客着想，最大程度地为顾客提供方便。山姆说："我们成功的秘诀是什么？就是我们每天每个小时都希望满足顾客的需要。如果你想象自己是顾客，你会希望所有的事情都能够符合自己的要

求——品种齐全、质量优异、商品价格低廉、服务热情友善、营业
时间方便灵活、停车条件便利等等。"

　　沃尔玛员工的热情，善待顾客的品质，以及他们在价格上为顾
客尽量省钱的经营战略，使他们赢得了顾客的信任。"顾客永远是对
的"这句山姆·沃尔顿对员工的告诫一直流传至今，并一直在为沃
尔玛的繁荣发挥着不可估量的作用。

沃尔玛的"小镇战略"

　　当沃尔玛商店一个接一
个如雨后春笋般地在阿肯
色州茁壮发展的时候，山
姆·沃尔顿开始实施他的
战略计划了：在别人忽略
的小城镇开设大型的折扣

店。当时，著名的凯马特百货是不会到 5 万人口以下的小镇去开店
的，而吉布森百货开店的标准也是 10 000 到12 000人口以上的城
镇。而沃尔顿家族的经商信条是，即便少于5 000人的小镇也一样照
开不误，他们相信那里扩展的机会同样很多。

　　当无数人问到沃尔顿家族成功秘诀时，他们常常这样归纳说：

"我们总是在无人知晓之前捷足先登小镇市场。"当沃尔玛企业渐渐被那些零售业同行们所注意的时候，他们并未意识到这将是一颗即将诞生的商业巨星，他们轻描淡写地说："哦，这些沃尔顿家族的人，简直就是一群突发奇想的小镇乡巴老。"

在折扣售货刚兴起的几年里，很多大公司都建立了分销系统，它们以建立全国性的连锁网络而屹立于市场，从一个大城市发展到另一个大城市。然而，由于身躯庞大周转不灵，它们陷入了不动产、分区规划和地方政治的旋涡之中。如此一来，沃尔顿家族便占尽了天机，将大城市以外的好机会都收入囊中。山姆·沃尔顿本来就习惯小镇经营，看准了其中的发展潜力，加上这些大公司在城市之间紧咬着地盘不放，沃尔顿家族的发展战略就这样应运而生了。他们的操作方式是先向外抢占据点，再向内填满，最后全面占领市场，以州为单位，一县接一县地去填满，直到整个州的市场饱和之后才向另外一个州发展。

继本顿维尔之后，费耶特维尔是沃尔顿家族开设第二家商店的地方。在那里，沃尔顿家族遇到了第一个与之竞争的折扣零售商——吉布森商店。也正是从那时起，山姆·沃尔顿敏锐的商业头脑预感到零售行业未来将要发生许多重大变化，杂货店将不会像以往那样扮演重要的角色，而沃尔顿家族却正在往其中继续投入大量资金。这样的推论并非凭空而来，未来的一切也绝不会平白无故地发生。作为在第二次世界大战中成长起来的孩子，山姆·沃尔顿深知50年代和60年代期间，美国的一切都在发生巨变。所有在农场或小镇中长大的孩子们从第二次世界大战或朝鲜战场返回后，都涌向了工作相对集中的大城市。由于经济能力有限，他们一般都是在郊区落脚，然后乘车前往市区上班。当时，每个家庭都至少有一辆汽车，也有很多家庭有两辆汽车，国家开始修筑州际高速公路系统。这些条件改变了许多美国人所习惯的传统经商模式。大城市市中心的人口和商业圈开始向市郊转移，如此一来，小镇上的消费水平逐渐提高，而折扣店的营销也开始逐渐升温了。

从整件来看，小镇战略或许出于偶然，但是后来的事情却并不仅仅是上帝带来的好运。如果沃尔顿家族没有用适当的方式把握这个机遇，这个策略也不一定能更快、更好、更稳当地实现。沃尔玛廉价商店在阿肯色州西部的市场饱和后，便转向了俄克拉荷马州，然后是密苏里州。山姆·沃尔顿和他的家人们一个地区接着一个地区地依次开发。有时，他们也会跳跃式地开发，例如在路易斯安那州的拉斯顿开设第23家分店时，他们发现在本顿维尔与拉斯顿之间的阿肯色州南部尚无分店，于是就回过头来在南部设了点。在那些日子里，山姆·沃尔顿根本没有时间考虑未来，他只知道必须赶在竞争对手醒悟过来之前在一个又一个小镇上扩张沃尔玛的地盘，这种做法在过去的日子里行之有效，所以要一直坚持下去——从阿肯色州、田纳西州，一路扩展到堪萨斯州和内布拉斯加州……但是，这样的前提是，不到大城市去发展，即便是在大城市周围一定距离先发展分店，也必须经过一番缜密的思考。他首先要观察这座城市的发展潜力，看它是否有能力在不久之后向外发展或建设。

追溯起来，"小镇策略"最早是在塔尔萨施行的——也可以说，是沃尔顿家族真正将他们的发展战略定位的那个时候。沃尔顿家族先在布罗肯阿罗和桑德斯普林斯开设了商店。接着，在密苏里边上的沃伦斯堡、贝尔顿、格兰德维尤，在堪萨斯周围的邦纳斯普林斯和莱文沃思以及在达拉斯也都如法炮制。这一策略在实践中被证明是非常英明和成功的。

实施农村包围城市战略

在故乡开小店的时候，山姆·沃尔顿结识了来自纽约的一名厂商销售代理哈里·韦纳，学到了一个关于定价的学问，也就是前文曾说到的著名的"女裤理论"。

借助此项理论，沃尔玛很快就在消费者心目中树起了质优价廉的良好形象。此后，沃尔玛很快打出了"天天低价"的口号，并始终奉行着这一经营宗旨。此举不仅使沃尔玛的销售额一路攀升，而且为其日后的规模扩张打下了坚实的基础。

　　虽然山姆·沃尔顿在早期就发现了折扣商店这一商机，但在沃尔玛发展初期，几乎没有人相信或支持山姆·沃尔顿自己投资折扣商店的想法，也找不到一个像样的投资者甘冒风险，投资沃尔顿的这种商店。最后只有山姆·沃尔顿的弟弟巴德·沃尔顿出于手足之情投入了3％的资金，刚被山姆·沃尔顿请来的新经理投入了2％，而山姆·沃尔顿自己则要设法筹足剩下的95％。于是，山姆·沃尔顿不得不在征得海伦的同意后，签署了他们所有的票据，把家里所有的一切——住房及财产统统抵押出去。这就使沃尔顿面临着巨大的资金危机。

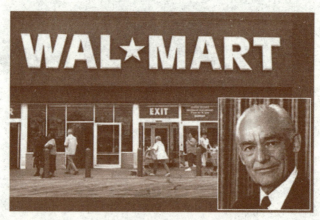

　　与此同时，由于沃尔玛在起初开业时不断扩张的架势引起了其他竞争者的警觉，并且同行众多而市场有限，沃尔顿那时经营并不顺利，曾一度陷入困境。在沃尔玛的经营过程中，竞争是不可避免的，甚至可以说万分激烈。

　　沃尔玛最初的发展势头无法与那些拥有很强实力的大公司匹敌，

山姆·沃尔顿认为公司若要摆脱困境就必须采取相应的折价经营策略来参与市场竞争。于是，他把思路集中到公司的现在与未来的问题上。他决心在百货业开辟一块新天地。他要用两年的时间来研究变化中的竞争环境，尤其是给百货业带来威胁的折价业。在两年中，山姆·沃尔顿辗转20万英里的路程，调查了全国范围的市场竞争情况。在详细调查了公司的重要商店以后，他认为折价是一个绝妙的主意，其诀窍在于高周转率。同时，山姆·沃尔顿看到了公司的弊病：在组织方面缺乏专家，因而不能控制他所期待的发展规模。他还从中反省自己管理公司的问题，他为沃尔玛公司在百货经营方面发展过度，布局不合理，以至于出现了在繁华地带自己公司的商店不得不竞争，而其他商店则由于长期地租合同被限制在不景气的经营地点而烦恼。在其他折价销售商们不惜血本地猛降价格时，山姆·沃尔顿的公司由于经营成本过高而使其销售停滞不前，利润下滑。

山姆·沃尔顿认为，沃尔玛开始主要经营的是名牌商品，价格定位自然较高，但当时国内经济很不景气，沃尔玛为了避开大城市商业的竞争，主要选择在小城镇建店，面对的是大量中低档收入水平的顾客群，因此如果价格定位过高，顾客就会跑到城里或其他商店去购买。沃尔玛及时调整了经营策略，仅选择一些对消费者有一定影响的大众化商品，但一定要是优质品牌。商店通过有利于获得价格折扣的大批量、规模化采购来降低进价，再以明显低于当地的市场价格进行销售，价格低于一般超市的20%到40%。这一招果然奏效，沃尔玛很快就在消费者心目中树起了质优价廉的新形象。

借助"女裤理论",沃尔玛下一步开展了其"农村包围城市"的发展战略。正确而独特的经营策略,使沃尔玛的经营逐步走上了正轨,而且出人意料地红火起来,这更坚定了山姆创业的信心。他决定搞连锁经营,扩张企业规模,逐步将沃尔玛发展成为大型的连锁商业零售企业。在扩张战略的选择上,精明的山姆冷静分析了当时的市场分布情况,没有像其他企业那样重点在大城市布局,而是避开竞争,走"农村包围城市"的道路。

在具体的扩张策略上,山姆主要采取由里向外的递进发展,先是以公司总部为轴心,逐步向四周扩散。起初为了不超过自己的配送范围和能力,沃尔玛一直围绕着公司总部本顿维尔周围一天的车程,即500公里左右的范围内建店。然后,在边缘地区之外,再建一个配送中心,再在该配送中心的有效范围内建立分店。1990年,沃尔玛终于成为美国第一大零售商。但是,山姆似乎并不满足现状,他决定向海外市场进军。1991年,沃尔玛在海外的第一家连锁分店在墨西哥城成立。

在此后的数十年间,沃尔玛将业务拓展到包括英国、韩国、巴西、德国、加拿大以及中国等在内的十多个国家,旗下的国内外连锁分店已达到5 600多家。1996年,沃尔玛在中国深圳成功开设了亚洲第一家沃尔玛购物广场和山姆会员商店。1999年,沃尔玛国际员工总数达到114万人,成为全球最大的私营雇主。这些事实再一次证明沃尔玛早期"农村包围城市"战略的前瞻性和正确性。

不断地积累经验

山姆·沃尔顿是一个不喜欢追求一时风潮的人，他总是尽力做好手边的工作，并努力建设一个良好的零售机构，这也是他做了将近20年本·富兰克林特许经营店的原因。然

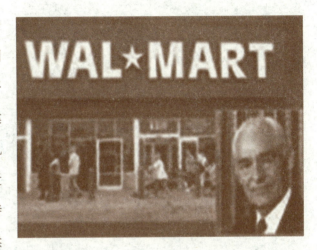

而，在预感到机遇来临之前，也就是在山姆·沃尔顿开设第一家沃尔玛商店之前，他曾经到处游历了一段时间，这主要是为了积累一些经营经验。他参观了全美国的几乎每一家大公司总部及其店铺，认真研究它们的折价销售模式，同时也结识了许多促销者。

山姆·沃尔顿参观的第一批商店是东部的批发仓库店，那些店是折价销售的发源地。他还去了另一家位于罗得岛的安霍普百货店。此后，他又参观了巨人百货店、马默斯和阿兰百货店等等。在这个过程中，山姆·沃尔顿也遇到了一些经验丰富的同行，并且和他们成为朋友，其中一位让他学到很多东西的人便是索尔·普赖斯——

他于 1955 年在南加利福尼亚成功地创建了联合百货商店。

　　同时，山姆·沃尔顿和索尔·普赖斯的女婿也成了朋友。索尔的女婿在休斯敦经营一家分销中心，在和他们的多次交流与沟通中，山姆·沃尔顿理清了有关分销的思路，它最终成了沃尔玛商店成功的另一把钥匙。此后，山姆·沃尔顿在经营沃尔玛商店的过程中依旧"抄袭"或是说"借用"了许多像索尔·普赖斯这样的商业同仁人的点子。

　　山姆·沃尔顿是一个善于借鉴和思考的人，他在经营过程中不但不断创新，还会时常回头看看"老路"。所谓的"老路"便是从同行的经营过程中，总结出属于自己的营销理念。例如，在零售行业中，有很多大投资商在开商店时都具有雄厚的资本和明确的目标，他们在大城市中也有更多的商业机会。但是，这些人却往往犹如昙花一现，不消几个年头便在商界销声匿迹了。

　　这是为什么呢？山姆·沃尔顿开始思考。为什么他们会失败？而沃尔玛企业又将如何走向成功呢？通过思考，山姆·沃尔顿总结出：其中的有些商家不把顾客当回事，不努力搞好店面的管理；还有一些商家服务质量不高，不端正服务态度……归根结底就是公司没有真正去关心自己的顾客。所以，要想让店里的员工为顾客着想，老板就应该先为员工着想。每当想到这些，山姆·沃尔顿就忍不住扬起嘴角。是的，这是那些比自己强大的同行们失败的原因，却是沃尔顿家族成功的关键！

　　其实，山姆·沃尔顿明白，创立资本雄厚的大公司有许多方法，沃尔玛廉价商店所采取的并不是唯一的方法，各种方法均可尝试，但一定要努力。否则一旦失去目标，就要付出代价。那些消失的业内大亨并不是因为坐凯迪拉克车或乘游艇弄垮了自己的公司，而是对业务不够投入，才会走到事物的反面。他们在没有建立良好组织以及类似分销中心这样的后勤支援单位的时候就发展得过于迅速了。另外，他们不愿意到别人的店里去实地考察学习，而这正是山姆·沃尔顿自始至终坚持去做的事。

第七章　山姆·沃尔顿的管理精髓

　　山姆不但亲手创造了沃尔玛，而且在几十年的岁月里，一直亲自管理它的日常业务，决定着它的发展方向，并以自己的风格、个性、理念深刻地影响着它。走进世界各地的任何一间沃尔玛连锁店中，你都会感受到一种强烈的与众不同的气氛：勤恳、节俭、活跃、创新。

　　山姆在管理方面又有哪些"秘密武器"呢？

让"上帝"满意

顾客就是上帝，让顾客满意是我的首要目标。

我是这样告诉我的员工的：只要是在沃尔玛购买的商品，即使对方没有任何理由，也没有收据，只要他感觉不满意，我就给他退货。我很注意收集顾客的意见，并根据这些意见修正自己的不足。我甚至告诉我的员工，不要浪费每一美分，如果我们浪费了一美分，就等于我们从顾客的口袋里多拿出一美分；如果我们在顾客的口袋里多拿出一美分，就意味着我们失去了一部分的市场。而如果我们能把这一美分节省下来，那么我们的产品就会在市场中多一分竞争力。

同时，我还采取各种方式来维护消费者的利益：如在销售食品的时候，从保质期结束前一天就开始降价，一般是降低30%销售，保质期结束的当天上午10点到期食品就全部撤下柜台，进行销毁。

另外，我还有几个原则。比如："太阳下山"原则，"10英尺微笑"原则等。

以上这些是我创业之初的最基本要求，这样的服务和销售让我赢得了很多回头客。也正是这些回头客让我逐渐有了取之不尽的财富。

尊重成功的基石

员工是我取得成功的基石，对于员工的管理，我在思想上保持着尊重的态度。

长期以来我坚持尊重公司里的每一位员工，我们在公司里对员工都称作是"同仁"。我们就像朋友一样结成一种工作伙伴关系，我始终觉得雇员和盟友有着本质上的区别。我一直想造就一种公司，内部没有上下级之分，而是一种友好的、愉快的、和谐的工作氛围。

在公司里，我对员工说我就是一名教练。我要求经理和员工的关系是一种"倒金字塔"的关系。在整个的框架里，顾客是放在第一位的，员工的工作状态和精神是第二重要的事情，其次才是老板。因为员工是直接和顾客打交道的，因此，我认为善待员工就是善待顾客。

对于员工的管理，我还有一个制度，那就是门户开放。所谓门户开放就是说，员工可以在任何场合发表自己的看法和主张，不受到任何的限制。在精神上，我给予员工很好的激励办法。比如，我们这里每年都有一些老员工面临着下岗的境况，我会安排他们穿上工作服站在店门前，一方面他们是店的标志，另一方面也起到保安的作用，让来这里的人有一种安全的感觉，也避免了员工下岗。

　　培训也是我对员工的一种很好的管理方法。我们有专门的培训机构，并拥有一个很大的培训体系，能给予员工尽善尽美的培训。同时，在店里有很多的实践机会，当实践和培训内容结合在一起的时候就能显示出我这种培训方式的众多好处来。

　　同时，我规定只要员工一年工作了 1 000 个小时以上，不管他处于什么位置，都要给他一定的鼓励。同时，员工还可以每个月从工资里扣出 15％用来购买股票，让他们从这些股票之中获得利润。对于在沃尔玛工作一年以上的员工，我都提供一定的子女上学奖学金。同时我的员工在本店内购买物品均享受 10％的折扣。

不是技术的技术

　　记得曾经有人笑话我不懂得技术的应用，但当我本人明白技术的合理应用可以改善公司的经营时，我就成为技术最积极的号召者和推动者了。记得在 1976  年，我们开始在每一家店里添设可编程的电脑，并与本顿维尔总部

的主机相连。我们坚信一个理念：尽可能地集中管理。奇怪的是，当很多公司扩展到那样规模时，却开始区域化分散管理。

多年之后，我们还是在坚持着集中管理的方式，但是我却开始利用技术来保证与每一家店的联系，我最初的目标是远景的，我想利用我们自己的力量来实现配送和运输的一体化，建立自己的一个营销网络，我想不管我做什么，我都要每一个店员与总部紧密相连。

我喜欢利用技术，因为技术可以让我们实现集中管理的目的，可以让我的公司得到最优秀的人才，所有的这些理念都是这样进行的。我知道在很多人的眼里，我所说的那些其实并不算是什么技术，但是我觉得那就是技术，如果大家不承认的话，那我就说这是不是技术的技术。

如果说这算不是技术的技术，那么我的配送和扩张也是一个技术了。我有一个自己的零售地图，我可以用它去发现我的商店在什么地方还需要再建立，要用什么方式使我的扩张和配送比较合理，我把这些统计好了，然后让这些方面互相支持。

一般来说，在一个5万人口的地方有一个我的商店就可以了，而我却在只有8 000人的地方来做我的生意。

我也就是这样一步一个脚印走出来的。

前进的卓越动力

"积极进取，永不满足"和"每天追求卓越"是我长期以来追求的理念，我觉得这样的理念能让我的企业保持一种良好的状态，让我的企业精神风貌饱满。我自己还编了一些口号，在商店开门的每一天和每一次开会时都让我的员工呼喊。而且，呼喊的时候要配合着动作，这不仅能振奋他们的精神，还可以鼓舞士气。

我要求我的经理每天不管有多忙，都要到他的店里去看看，要考察自己的商品价格和同行相比是否是最低的，要分析自己的产品在什么地方处于优势，什么地方有不足，哪怕是一点点的不足，也要想办法来解决。我要求我的员工要有敬业的精神，关心公司里的动态，保证零售产品不能有一点的损耗。

创新，是我给员工的另一个要求，也是让我的公司处于不败之地的一个战术。创新能让我的商店保持着新鲜诱人的状态，吸引着顾客的目光和媒体的关注，这就是追求卓越的最高境界。

做简单的事并始终如一

　　我是一个土生土长的乡下人，我的成长之路非常单一，后来我的事业也是从最简单和最单一的事情做起来的。大学毕业之后我在一家连锁店里开始了自己的第一份工作，几年后我拥有了自己的商店。那个时候，我是一名十足的新手，我努力地学习生意经：擦地板、写发票、记账、装饰橱窗、称糖果、管理收银机、装潢店堂、安置设备、搬运货物、开长途车、开飞机，并且一直坚持到生命的最后。

　　也许每个人都对自己的生命有着独特的期许吧，我费尽了心血把我的大好年华全都奉献给了我的事业，并从自己的身上找到许多治理公司的路子。那就是做简单的事情，并且始终如一。

　　长期以来，我让自己坚持几个信念，比如：

信念一：敬业。

我相信，"如果你热爱工作，你每天就会尽自己所能力求完美，而不久你周围的每一个人也会从你这里感染到这种热情"。

信念二：所有同事都是合伙人，虽然合伙人要分享你的利润。

只有当同事把自己作为合伙人时，他们才能创造出超乎想象的业绩。

信念三：激励你的合伙人。

仅仅靠金钱和股权是不够的，要经常想一些新的、较有趣的办法来激励你的合伙人。比如，设置高目标，鼓励竞争，并随时进行区分；让经理们互相调换工作以保持挑战性；让每个人都去猜测你下一步的计策会是什么，但不能被一猜就中。

信念四：坦诚沟通。

尽可能地同合伙人进行交流，他们知道得越多，理解得就越深，对事物也就越关心。情报就是力量，把这份力量给予同事后所得到的益处，将远远超出消息泄露给竞争对手带来的风险。

信念五：感激同事为公司做的每一件事。

支票与股票或许可以收买某种忠诚，但任何东西都不能替代几句精心措辞、适时而真诚的感激之词。它不花钱，但却珍贵无比。

信念六：成功要大力庆祝，失败亦保持乐观。

不幸失败，也不妨穿上一身戏装，唱一首歌曲，其他人也会跟着你一起演唱。要随时随地设计出自己的新噱头。所有这一切将比你想象得更重要、更有趣，而且会迷惑对手。

信念七：倾听公司每一位员工的意见，广开言路。

第一线的员工才是最清楚实际情况的。你要尽量了解他们所知道的事情。为了组织下放责权，激发建设性意见，你必须倾听同事们告诉你的一切。

信念八：要做得比客户期望的更好。

如果你这样做了，他们将成为你的回头客。妥善处理你的过失，要诚心道歉，不要找借口。顾客永远是对的。

信念九：为顾客节约每一美分，这可以为你创造新的竞争优势。

如果是高效运营，你可以犯许多不同的错误而依然能恢复元气。但如果运作效率低下，那么你可能显赫一时，最终却会败北。

信念十：逆流而上，另辟蹊径，蔑视传统观念。

如果每个人都在走老路，而你选择一条不同的路，那你就有绝好的机会。

这些信念都是很简单的，但是需要一种恒久的精神。我长期以来都是这么做的。

做实干家

长期以来，我都是以实干家的身份自居，并觉得做一名实干家才是我真正的管理之路。我的家人都笑话那些鼓吹我高瞻远瞩的人，因为虽然他们对我充满着虔诚和崇敬，却并不了解多少我的事情，很难在一些细节和小事上懂得我到底是怎样的一个实干家。

我比较痛恨理论和定式，我觉得很多东西是没有定式的，特别是我的事业，是永远没有规律可寻、没有什么定式可找的。我从来也没有得到过专业的培训，但是我知道实干的管理思想比那些理论更能说服人，也更有作用。

附录1：沃尔玛公司发展史

1950 年：在美国阿肯色州本顿维尔镇，开办了廉价商店。

1962 年：山姆·沃尔顿以"沃尔玛"为名，在阿肯色州罗杰斯城开办第一家连锁商店。

1969 年：10 月 31 日，成立沃尔玛百货有限公司。

1970 年：在阿肯色州的本顿维尔镇成立了公司总部和第一家配送中心。

1972 年：沃尔玛公司股票获准在纽约证券交易所上市。

1975 年：山姆·沃尔顿受韩国工人的启发，引进了著名的"沃尔玛欢呼"。

1983 年：在俄克拉荷马州的中西部市开设了第一家山姆会员商店。

1984 年：山姆·沃尔顿实践对员工的许诺，公司税前利润达到8%，他在华尔街跳起了草裙舞。戴维·格拉斯出任公司总裁。

1987 年：沃尔玛的卫星网络完成，是美国最大的私有卫星系统。

1988 年：首家沃尔玛购物广场在密苏里州的华盛顿开业。

1990 年：沃尔玛成为美国第一大零售商。

1991年：沃尔玛商店在墨西哥城开业，沃尔玛开始进入海外市场。

1992年：3月17日，山姆·沃尔顿获得由美国总统乔治·布什颁发的自由勋章。

1992年：4月5日，山姆·沃尔顿辞世。4月7日，S·罗布森·沃尔顿出任公司董事会主席。

1993年：沃尔玛国际部成立，波比·马丁出任国际部总裁兼首席执行官。12月，首次单周销售额达到10亿美元。

1994年：在加拿大收购了122家Woolco商店。

1995年：沃尔玛销售额持续增长，并创造了零售业的一项世界纪录，实现年销售额936亿美元。

1996年：通过成立合资公司进入中国。

1997年：成为美国第一大私人雇主。在美国拥有68万名员工，在美国本土以外有11.5万名员工。沃尔玛公司股票成为道琼斯工业平均指数股票。沃尔玛年销售额首次突破千亿美元，达到1 050亿美元。

1998年：收购21家Wertkauf，进入德国。首次引入社区店，在阿肯色州开了三家社区店。年度慈善捐款超过1亿美元，达1.02亿美元。通过成立合资公司，进入韩国。

1999年：员工总数达到114万人，成为全球最大的私有雇主。收购了ASDA集团公司（有229家店），进入英国。

2000年：在《财富》杂志的"全球最受尊敬的公司"中排名第五。李斯阁出任沃尔玛公司总裁兼首席执行官。

2001 年：沃尔玛成为《财富》500 强排名的第一名。

2003 年：在《财富》杂志的"全球最受尊敬的公司"中排名第五。

2006 年：8 月 28 日，深圳配送中心由蛇口搬迁至龙岗区坪山镇，第一期使用面积比原配送中心的面积增加一倍。

2008 年：10 月 22 日，沃尔玛全球可持续发展高峰会议在北京召开，会议邀请了超过 900 名的官员和供应商代表，探讨全球变暖条件下的节能减排、减少包装的环保新举措。

2010 年：11 月 19 日，沃尔玛中国旗下品牌山姆会员商店在中国推出网上购物服务。

2012 年：4 月，推出一种名为"现金支付"的新功能。

附录 2：山姆名言

1．所有同事都是在为购买我们商品的顾客工作。事实上，顾客能够解雇我们公司的每一个人。他们只需到其他地方去花钱，就可做到这一点。衡量我们成功与否的重要标准就是看我们让顾客——"我们的老板"满意的程度。让我们都来支持热情服务的方式，每天都让我们的顾客百分之百地满意而归。

2．如果我们真正把推销时那种令人兴奋的动力——那种以赢利为目的买卖某种商品的动力——灌输给我们的每一位同事，那么就没有什么能够难倒我们了。

3．如果我们把机会、鼓励和奖励给予那些平凡而普通的员工，以使他们尽最大努力，他们的成就绝对是无可限量的。

4．这项与我们的公司和同事一起致力的工作令我兴奋地看到我们的未来充满希望，我们共同开创的事业前景是乐观的。

5．起步时，我并不清楚我们以后的规模会如何发展。但是，只要我们工作出色，并善待我们的顾客，我相信我们的发展是无可限量的。

6．尽可能处处与同事交流。他们知道得越多，也就关心得越多。一旦是他们关心的事情，那么，谁也阻止不了他们去做。

7. 每节省一美元，我们就在竞争中前进一步——而这种进步正是我们梦寐以求的。

8. 我们的商场所需要的是独创性、良好的品德以及诚实。

9. 如果你热爱你所从事的工作，那么，每天你都会想尽办法把工作做得最好，不久，你周围的每一个人都会从你那儿感染上那份热情。